Das Buch

Seit geraumer Zeit verfolgt Jörg Köpke, etliche Jahre Hauptstadtkorrespondent des RedaktionsNetzwerks Deutschland (RND), die wachsende Verflechtung nationalistischer und rechtsextremer Bewegungen mit den politischen Institutionen. Der Rücktritt von Mecklenburg-Vorpommerns Innenminister Lorenz Caffier Ende 2020, als dessen Kauf einer Waffe bei einem Neonazi bekannt wurde, ist für ihn nur die Spitze des Eisberges. Sein Report, der in Zusammenarbeit mit Dirk Friedriszik entstand, macht sichtbar, auf welche Weise der Staat von Rechtsextremisten großflächig unterwandert wird. Sie kommen aus der Mitte der Gesellschaft.

Der Autor

Jörg Köpke, geboren 1967 in Buxtehude bei Hamburg, studierte in Hamburg und Ioannina (Griechenland) Latein, Geschichte und Erziehungswissenschaften und promovierte in Alter Geschichte. 1999 stieg er in den Journalismus ein. Nach einem Volontariat bei den *Lübecker Nachrichten* war er zunächst für die kommunalpolitische Berichterstattung der regionalen Tageszeitung verantwortlich. Es folgten Stationen als landespolitischer Korrespondent in Hamburg sowie als langjähriger Chefkorrespondent für die *Ostsee-Zeitung* in Schwerin. Nach 2015 arbeitete er als Hauptstadtkorrespondent für das Redaktionsnetzwerk Deutschland (RND) in Berlin. Seit Januar 2021 leitet Köpke die Kommunikationsabteilung am Centrum für Europäische Politik (cep) in Freiburg und Berlin mit Partnerinstituten in Paris und Rom.

Jörg Köpke

UNTER-
WANDERT

Wie Rechte
den Rechtsstaat
okkupieren

Das Neue Berlin

Inhalt

1. Kapitel

VERITAS

Dies ist nicht die Geschichte des Whistleblowers Dirk Friedriszik. Aber es ist eine Geschichte, die ohne den SPD-Politiker nicht erzählt werden könnte. Es ist die Geschichte vom beharrlichen Aufklärungswillen, vom Widerstand gegen Neonazis, vom Kampf gegen geduldete rechtsextreme Netzwerke und gewissenlose Staatsdiener. Es ist die Geschichte eines Mannes, der sich mit aller Macht gegen das langsame Sterben der Demokratie in Mecklenburg-Vorpommern stemmt.

Lange zögerte Friedriszik, die ganze Geschichte zu erzählen. Der Mann mit dem bulligen Oberkörper wog die Risiken für sich und seine Familie ab. Schließlich fasste er den Entschluss, offen über alles zu reden.

An einem sonnigen Nachmittag im Sommer 2020 zeigte mir Friedriszik Spuren von Schüssen, die Unbekannte auf sein Haus abgefeuert hatten. Die Dellen in den Rollläden vor den Terrassenfenstern und dem Zimmer seiner Tochter darüber deuteten die Gefährdung an, in der sich der Bundeswehrsoldat und Landtagsabgeordnete befand. Schweigen wollte er nun nicht mehr.

Er gebe sein bisheriges Zögern nicht allein wegen der gewaltsamen Einschüchterungsversuche auf, sagte er, nicht wegen der Schüsse auf sein Haus. Er fühle sich im Stich gelassen. Parteifreunde hielten ihn für einen unberechenbaren Nestbeschmutzer und gingen auf Distanz zu ihm. Die Sicherheitsbehörden in Mecklenburg-Vorpommern schützten ihn nicht so, wie es eigentlich selbstverständlich sein müsste. Die Staatsanwaltschaft Schwerin stellte das nach diesen Schüssen auf sein Haus eingeleitete Ermittlungsverfahren nach nur wenigen Wochen ein, »da es nicht gelungen ist, einen Täter zu ermitteln«, wie es am 6. Juli 2020 hieß. Die an den Jalousien gesicherten Spuren seien vom Landeskriminalamt untersucht worden. Es hätten Stahlpartikel in unterschiedlicher Zusammensetzung festgestellt werden können. Doch ob es sich dabei um Teile von Geschossen handelte, hätten die Sachverständigen nicht eindeutig feststellen können, hieß es lapidar im Schreiben der Behörde. Rückstände von Schmauch seien nicht vorhanden gewesen. Gleichzeitig baten ihn die Ermittler, weitere Umstände anzugeben, falls möglich, die zur Ermittlung des Täters führen könnten.

Friedriszik machte die Reaktion der Staatsanwaltschaft fassungslos. Niemand schien auf die Idee gekommen zu sein, etwa die Flugbahn der »Stahlpartikel« nachzuzeichnen, in der Nachbarschaft zu fragen, ob von dort auf sein Haus geschossen worden sein könnte oder man etwas beobachtet habe. Denn so viel erkannte selbst ein Laie mit bloßem Auge: Ohne Einwirkung von außen hätten sich die Rollläden sicherlich nicht verformt.

Frustriert über mangelnde Unterstützung durch Polizei und Staatsanwaltschaft offenbarte sich mir der SPD-Landtagsabgeordnete ausführlich in zahlreichen Gesprächen im Garten vor seinem Haus. Er legte Dokumente, Chats und Fotos vor, formulierte Sprachnachrichten. Es war ein etwas anderes Bild von Mecklenburg-Vorpommern, fernab von Strandkorb-Idylle und Ostsee-Klischee – manchmal beklemmend, in Teilen sogar beängstigend.

Friedriszik skizzierte ein Land, in dem die Ursuppe des deutschen Rechtsextremismus gebraut wird mit toxischen Zutaten, die besonders drastisch seit Beginn der Migrationswelle 2015 die deutsche Gesellschaft vergiften. Er erzählte seine Geschichte eines Landes, in dem Menschen auch mehr als dreißig Jahre nach der friedlichen Revolution von 1989 mit dem neuen System und seiner freiheitlich-demokratischen Grundordnung fremdeln. In dem alte Seilschaften in geheimen Orden, verschwiegenen Zirkeln und verschlüsselten Chats konspirative Kontakte pflegen und Kinder und Enkel antidemokratisch nach Vorbildern von gestern erziehen. Friedriszik malte das Bild eines Bundeslandes, in dem seit Jahrzehnten die Saat ausgebracht wird für Fremdenhass, Neonazismus und umstürzlerische Gewaltfantasien. In Mecklenburg-Vorpommern habe der verordnete Antifaschismus der stalinistischen DDR-Ideologen bei manchen genau das Gegenteil bewirkt, sagte Friedriszik. Das Wegbrechen von Denkverboten nach dem Fall der Mauer habe nach seinem Eindruck bei einigen wohl den Wunsch befeuert, die NS-Zeit wieder aufleben zu lassen. Sogar ehemalige Mitarbeiter des Ministeriums für Staatssicherheit der

DDR würden auf rechtsextremistischen Wegen wandeln, auf denen sie ihre Abneigung gegen das pluralistische System der Bundesrepublik neu justierten und auslebten. Dunkelrot changiert zu braun, interpretierte Friedriszik. Aus national und sozialistisch sei ein zersetzendes Amalgam geworden, dessen bitterer Geschmack den Deutschen aus ihrer jüngeren Geschichte eigentlich in übler Erinnerung sein müsste …

Doch nicht erst seit der Wende gibt es Neonazis im Osten. Der DDR-Kriminalist Bernd Wagner hat die rechtsextreme Szene vor 1989 eingehend untersucht. Er spricht von einem »rüden System von Rechtsextremisten« mit mehreren Hundert Neonazis und gewaltsamen Übergriffen gegen Homosexuelle, Juden und Ausländer. In den offiziellen Statistiken der DDR wurden diese Rechtsextremisten als Rowdys verharmlost. Als Wagner 1990 dem Bundesnachrichtendienst in Bonn seine Erkenntnisse präsentierte, wollte ihm dort niemand glauben.

Willfährige Helfer fanden die Ost-Nazis in den alten Bundesländern. Neonazi-Kader aus dem Westen kamen nach dem Fall der Mauer scharenweise bevorzugt in den dünn besiedelten Nordosten. Lange bevor die wirtschaftlich und politisch völlig unterschiedlich sozialisierte Bevölkerung aus beiden Teilen der neu formierten Republik zueinander fanden, hatten sich die Rechtsextremisten beider Seiten längst wiedervereint. Zwischen Lüneburger Heide und polnischer Grenze kontrollierten sie ganze Landstriche. Es entstanden »Synergien von Ost- und West-Nazis«, wie es die Bielefelder Historikerin Christina Morina nannte.

Doch nicht nur Neonazis strömten aus dem Westen in den Osten – auch mittelprächtig begabte Beamte, die ohne die Wiedervereinigung und den Wechsel in den Osten nie Karriere gemacht hätten, geschweige denn in Schlüsselpositionen aufgerückt wären. In Mecklenburg-Vorpommern versagten die aus mäßig begabten Aufsteigern und ehemaligen DDR-Funktionären zusammengeschusterten Landesregierungen, sie setzten sich nicht entschieden genug mit dem braunen Ungeist auseinander, unterließen es, aus Scham, Feigheit oder falsch verstandenem Korpsgeist, konsequent rechtsextreme Polizisten, Soldaten, Bundeswehrveteranen, Juristen und Geheimdienstler in die Schranken zu weisen und sie daran zu hindern, das Gemeinwesen auszuhöhlen. Vielleicht hatten sie das Prinzip der Gewaltenteilung auch nicht verstanden. Einige Entscheidungsträger scheinen heute wie gelähmt in ihrer Angst, für jahrelanges Nichtstun, Dilettantismus und indirekt geduldete Verbrechen zur Verantwortung gezogen werden zu können. Sie reagieren paralysiert, verharren in Schweigen, Tarnen und Täuschen, verschanzen sich hinter Floskeln und Sonntagsreden, statt entschieden zu handeln. Manche von ihnen scheuten nicht einmal davor zurück, in parlamentarischen Untersuchungsausschüssen die Unwahrheit zu sagen. Andere waren so einfältig, von Rechtsextremisten Waffen anzunehmen.

Damit legten sie die Axt an die Wurzel der Demokratie. Sie wurden zu Helfershelfern jener, die Waffen verstecken, mit denen sie an einem »Tag X« den Parlamentarismus beenden wollen. Wer aus dem Konsens des Schweigens ausbricht, wird von höchsten Kreisen denunziert und politisch kaltgestellt. Als Dirk Friedriszik begann, unbequeme Fragen zu stellen und gegen das Nichtstun der Landesregierung zu Feld zu ziehen, wurde er im Herbst 2020 in einem vertraulichen Brief des Innenministers Lorenz Caffier (CDU) an Ministerpräsidentin Manuela Schwesig (SPD) des Geheimnisverrats bezichtigt und, in der Folge, von den eigenen Genossen zum Verzicht auf sein Landtagsmandat gedrängt.

Dabei wäre es doch die ureigenste Aufgabe von Regierenden und Beamten, die Bürger des Staates, insbesondere die wenigen couragierten, zu schützen – unabhängig von Herkunft, Religion, Hautfarbe und politischer Gesinnung.

Um keinen falschen Eindruck zu provozieren: Die Mehrheit der Menschen in Mecklenburg-Vorpommern steht fest auf dem Fundament des Grundgesetzes. Doch ausgerechnet an den Schaltstellen der Demokratie, die doch besonders wehrhaft und robust sein sollten, nisten sich ihre Gegner ein, weil sie offenbar niemand entschieden genug daran hindert.

Was läuft falsch in einem Land, in dem sich Lehrer für Rechts und in rechtsterroristischen Netzwerken engagieren und ihnen anvertraute Kinder indoktrinieren? In denen Angehörige und Mitarbeiter von Bundeswehr, Reservistenverband, Polizei, Justizbehörden, Geheimdiensten, Parlamenten und Ministerien ungeniert das Gemeinwesen zersetzen, ohne auf entschlossenen Widerstand zu stoßen? Namen von Journalisten, Politikern und Bürgerrechtlern, die für Demokratie und gegen eine Renaissance von Faschismus und Nazi-Diktatur eintreten, fanden sich auf Todeslisten. Es wurden reihenweise Anschläge auf Abgeordnetenbüros verübt, ohne dass ein Tatverdächtiger ausfindig gemacht wurde. Rechtsterroristen saugten Adressen und Telefonnummern möglicher Opfer mühelos aus Dienstcomputern der Polizei und bestellten schon Leichensäcke und Löschkalk ...

Was läuft falsch? Und wie konnte es überhaupt so weit kommen?

Es sind Fragen wie diese, die Dirk Friedriszik aufwühlen, seit der gebürtige Duisburger vor mehr als dreizehn Jahren in den Nordosten Deutschlands kam. Er lebt im mecklenburgischen Ludwigslust, einer auf den ersten Blick betulichen Kleinstadt mit zwölftausend Einwohnern, fünfzig Kilometer südlich der Landeshauptstadt Schwerin gelegen. 2007 zog er dorthin. Er baute ein Haus, in das er ein Jahr später mit seiner aus Ludwigslust stammenden Frau einzog. Sie hatte den gelernten Elektriker nach Mecklenburg gelotst und ihm die landschaftlichen Reize von Wäldern, Seen und Endmoränen nahegebracht.

Friedriszik, Jahrgang 1971, war lange Soldat, ehe er in die Politik wechselte und 2016 für die Sozialdemokraten in den Landtag von Schwerin einrückte. Nach Ableistung der Wehrpflicht war er Anfang der Neunziger zum Unteroffizier ausgebildet worden. Er absolvierte die Technische Schule des Heeres in Aachen. Es folgten Stationen im In- und Ausland, darunter Missionen in Mazedonien, im Kosovo und in Afrika.

Seine Frau, eine ausgebildete Erzieherin, lernte er während seiner Zeit im Eurokorps im französischen

Strasbourg kennen. 2009 wurde er auf eigenen Wunsch nach kurzem Intermezzo bei der NATO in Wesel nach Boostedt in Schleswig-Holstein versetzt. Dort, sagte er, sei er als Hauptfeldwebel und Spieß der Kompanie erstmals mit Dutzenden Soldaten aus Mecklenburg-Vorpommern in Berührung gekommen, die offen Adolf Hitler verehrt hätten. Soldaten aus einer Nachbarkompanie seien Mitglieder von Rocker-Clubs gewesen, ein Stabsunteroffizier Angehöriger der Bandidos. Es habe dubiose Treffen von Rockern und Neonazis mit ehemaligen Generälen der Nationalen Volksarmee der DDR gegeben. Immer wieder sah sich Friedriszik mit der unangenehmen Aufgabe konfrontiert, Mecklenburger Neonazis in seiner Kompanie zu disziplinieren.

Die Beobachtungen aus Boostedt korrespondierten mit Beobachtungen, die er in Ludwigslust machte. Um Anschluss in der neuen Heimat zu finden und soziale Kontakte zu knüpfen, besuchte Friedriszik Menschen in der Nachbarschaft. In einer Kellerbar mit DDR-Fahnen und einer Landkarte des Deutschen Reiches in den Grenzen von 1937 wurde reichlich getrunken. Das eine oder andere alkoholhaltige Getränk lockerte die Zunge der Gastgeber. Freimütig und ohne Reue berichteten die neuen Nachbarn aus ihrem Leben in den Neunzigern. Sie brüsteten sich, Ausländer umgebracht und in einem Moor versenkt zu haben. Auch einen russischen Soldaten wollten sie angeblich getötet haben. Einige der Ermordeten würden noch immer vermisst werden. An Wochenenden seien sie an die Ostseeküste gefahren, um zwischen Lübeck und Rostock als »Brandstiftertouristen« Asylantenheime anzuzünden und »Ausländer zu klatschen«. An den Ausschreitungen gegen Vietnamesen im August 1992 in Rostock-Lichtenhagen wollten sie ebenso beteiligt gewesen sein wie drei Monate später beim Brandanschlag in Mölln, dem zwei kleine Mädchen und eine 51-jährige Frau zum Opfer gefallen waren. Ein anonymer Anrufer hatte damals Polizei und Feuerwehr auf das durch Molotowcocktails entfachte Feuer aufmerksam gemacht. Der vermeintliche Anrufer beendete seine großmäuligen Ausführungen mit »Heil Hitler«. Als Friedriszik in die alkoholisierte Runde fragte, ob der Anrufer unter ihnen zu finden sei, hätten sie nur gelächelt.

Was Friedriszik damals hörte und sah, beschäftigt ihn bis heute. Und nicht nur ihn. Gut ein Jahr nach den rechtsextremistischen Vorfällen in der Kaserne von Boostedt und unmittelbar nach den Suff-Geständnissen in Ludwigslust nahm er Kontakt zum Militärischen Abschirmdienst (MAD) auf. Da der Geheimdienst der Truppe in Kiel sich dafür als nicht zuständig erklärte, wurde von Amts wegen das Landesamt für Verfassungsschutz in Schwerin eingeschaltet – ein fataler Fehler, wie sich später herausstellen sollte.

Ansprechpartner dort war ein gewisser F., seit 1996 im Inlandsgeheimdienst von Mecklenburg-Vorpommern verantwortlich für die Bekämpfung von Rechtsextremismus. F. suchte 2010 Friedriszik in Boostedt auf, um sich berichten zu lassen. Plötzlich war auch der MAD wieder eingebunden Es folgten weitere Treffen.

Hauptfeldwebel Friedriszik berichtete über Gehörtes und Gesehenes. Er berichtete auch von Leuten, die ganz offen ihre Sympathie für Nationalsozialismus, Gewalt und Fremdenhass auf der Haut trugen. Dafür sorgte ein Handwerker aus Ludwigslust. Friedriszik war einmal mit seiner Frau in dessen Laden gewesen. Der Mann habe sich seiner guten Kontakte zur Bundeswehr gerühmt. Unter den kruden Kellererzählern sei er einer der Häuptlinge gewesen. Auf der rechten Hand des Mannes stand »Veritas«. Das lateinische Wort für »Wahrheit« hatte er sich mit schwarzer Tinte unter die Haut gespritzt, genau zwischen Daumenansatz und dem ersten Gelenk des Zeigefingers – ein Tattoo, das Friedriszik später bei zahlreichen Neonazis aus Ludwigslust und Umgebung entdecken sollte.

»Veritas« ist ein Signum der Neonazi-Szene, entlehnt aus dem amerikanischen Mafia-Epos »Der blutige Pfad Gottes« von 1999, in dem am Schauplatz Boston vermeintlich gute Iren vermeintlich böse Russen und Italiener erschießen – eine ikonographische und stilprägende Vorlage für die späteren Morde des Nationalsozialistischen Untergrunds (NSU). Wer starke Nerven besitzt und die flache Handlung erträgt, wird im Film – der in Deutschland aus gutem Grund nicht ins Kino kam und lediglich auf DVD zu sehen ist – nur unschwer die Blaupause für die rechtsextremistische Terrorgruppe um Uwe Böhnhardt, Uwe Mundlos und Beate Zschäpe erkennen, die an verschiedenen Orten in Deutschland zwischen 2000 und 2007 neun Migranten und eine Polizistin hinrichtete.

Um den Handwerker in Ludwigslust scharten sich gut zwei Dutzend Gleichgesinnte. Die meisten von ihnen trugen das »Veritas«-Tattoo auf der rechten Hand.

Unter ihnen war ein gewisser K., der gelegentlich in einem silberfarbenen BMW X5 mit Schweizer Kennzeichen oder auf einer schwarzen Harley Davidson durch Ludwigslust fuhr. K. war Vizepräsident der

Bandidos im brandenburgischen Perleberg. Es war nicht die einzige Verbindung von Rechtsextremisten aus Ludwigslust und anderen Landesteilen Mecklenburg-Vorpommerns zu jenem ominösen Motorradclub, dem zahlreiche Straftaten und Kontakte ins gewaltbereite rechte Lager zur Last gelegt wurden – darunter illegaler Waffenhandel.

Am 8. Dezember 2001 marschierten hundert Neonazis hinter dem Spruchband »Musikfreiheit auch für Rechte« durch Neustadt-Glewe, zehn Kilometer nordöstlich von Ludwigslust. Auf der Demonstration hielt Bandido-Boss Peter Borchert eine Rede. Er war Vizepräsident des schleswig-holsteinischen Chapters der Rocker-Gang, NPD-Chef in Schleswig-Holstein und bereits mehrfach vorbestraft wegen diverser Verstöße gegen das Waffengesetz.

NSU-Unterstützer André Eminger und sein Bruder Maik pflegten Kontakte zu den Bandidos nach Anklam. Beate Zschäpe soll sich dem Vernehmen nach vor einem Gerichtssaal in Neubrandenburg innig mit einem Mitglied der Bandidos geherzt haben ... Neonazis und Rocker traten später häufig in Erscheinung, wenn es um die Beschaffung von Waffen in der rechtsextremen Szene ging.

Der Verfassungsschützer F. legte nach seinem Gespräch mit Hauptfeldwebel Dirk Friedriszik in Boostedt 2010 einen Vorgang an. Er trug die Informationen zusammen, die über die rechte Truppe aus Ludwigslust und deren Verbindungen in die Neonazi- und Rockerszene bekannt waren. In den frühen Neunzigern war offenkundig Ludwigslust ein brauner

Hotspot mit Fackelmärschen und Rechtsrockkonzerten. Beim Verfassungsschutz nahm der Landkreis spätestens seit 2000 eine »Sonderstellung bezüglich neonazistischer Aktivitäten« ein. Ende Februar 2002 registrierte man antisemitische Schmierereien in der Mahn- und Gedenkstätte des KZ-Außenlagers Wöbbelin und auf dem jüdischen Friedhof im nahen Boizenburg. Als im städtischen Jugendzentrum Zebef die Ausstellung »Neofaschismus in der Bundesrepublik« gezeigt wurde, machte die örtliche »Kameradschaft Ludwigslust 88« mobil. »88« spielte auf die verbotene Grußformel »Heil Hitler« an – H ist der achte Buchstabe im Alphabet. In jener Zeit wohl eröffnete der Handwerker sein erstes Geschäft in der Stadt – als Treffpunkt neonazistischer Skinheads.

Ein harter Kern von Neonazis aus Ost und West lebte und arbeitete in einem Gebiet zwischen Schwerin, Hagenow und Ludwigslust. Die drei Gemeinden bildeten gleichsam ein rechtsextremes Dreieck. Zu den Kameraden aus dem Osten gesellten sich westdeutsche NPD-Größen wie der Ex-Bundeswehrsoldat Udo Pastörs, nachmals Bundesvorsitzender und Landtagsabgeordneter, sowie der spätere NPD-Bundesgeschäftsführer Stefan Köster und der Hamburger Geschäftsmann Philipp Steinbeck, ein Förderer rechter Parteien und Immobilienbesitzer in Südmecklenburg. Interessant auch: Nach dem Abtauchen von Beate Zschäpe wandten sich dem Vernehmen nach deren Helfershelfer Ralf Wohlleben und Carsten Schultze 1999 an den Rechtsanwalt Hans Günter Eisenecker, der in jenem Jahr Landeschef der NPD in Mecklenburg-Vorpommern geworden war. Zu seinen rechten Mandanten gehörte auch die 1997 verbotene »Kameradschaft Oberhavel« ...

Das alles sollte dem Verfassungsschützer F. durchaus bekannt gewesen sein, als er Friedriszik 2010 in Boostedt anhörte. Die detaillierten Einblicke in die Veritas-Connection von Ludwigslust und die Verbindungen in die Rockerszene schienen dem Inlandsgeheimdienst allerdings neu zu sein. Zumindest tat er so.

Friedrisziks Auskünfte über den Handwerker führten zu einem anderen bereits bundesweit bekannten Neonazi: Sven Krüger aus der »national befreiten Zone« Jamel bei Wismar, wo er für die NPD im Kreistag saß. Sein Vorstrafenregister umfasste damals ein halbes Hundert Delikte. Beide, der Handwerker aus Ludwigslust und Krüger, waren mit der Baubranche verwoben; der Vater des Handwerkers führte schon zu DDR-Zeiten einen eigenen Betrieb. Der Veritas-Handwerker besaß zahlreiche Häuser und Grundstücke, darunter ein Einfamilienhaus in Ludwigslust und die Pension Schlossblick in Neustadt-Glewe. Das von Krüger errichtete »Thinghaus« in Grevesmühlen – »die wohl bizarrste Lokalität in Mecklenburg-Vorpommern«, hieß es verharmlosend im *Hamburger Abendblatt* am 19. August 2011 – entwickelte sich rasch zum wichtigen Zentrum der rechten Szene im Land: interne NPD-Treffen, Rechtsrock-Konzerte und konspirative Zusammenkünfte der »Hammerskins«. Der deutsche Ableger der 1986 in Texas gegründeten neonazistischen Vereinigung existierte seit 1991 in elf regionalen Chaptern und war/ist mit dem Nationalsozialistischen Untergrund und anderen rechtsextremistischen Organisationen eng verwoben. Der Freundeskreis »Thinghaus« unterstützte Rechtsrock-Konzerte auch in Neustadt-Glewe, im Revier des befreundeten Ludwigsluster Handwerkers. Krüger kaufte unablässig Gebäude und Grundstücke in Jamel, dort wehte die Reichskriegsflagge, an Häuserwänden waren völkische Wandgemälde und rechte Propaganda zu sehen. Bundesweite Berühmtheit als »Nazidorf« erlangte der Ort durch die Reportage des NDR-Reporters Michel Abdollahi, der vier Wochen in Jamel lebte und mit Leuten sprach. (*https://www.ndr.de/fernsehen/sendungen/panorama_die_reporter/Im-Nazidorf,sendung447204.html*)

Sven Krüger betrieb dort ein Abschlepp- und Abrissunternehmen, auf dessen Fahrzeugen das Bild eines Arbeiters zu sehen war, der mit einem Hammer einen Davidstern zertrümmerte. »Die Jungs fürs Grobe«, warb das Unternehmen, das als Abrissfirma legal Sprengstoff erwerben und einsetzen durfte. Die »Jungs fürs Grobe« stammten mehrheitlich aus der rechten Szene.

2011 durchsuchte ein Sondereinsatzkommando der Polizei Krügers Anwesen und fand eine Maschinenpistole nebst 200 Schuss Munition, im Juli 2011 legte Krüger ein Geständnis ab und bekam zunächst Haftverschonung, damit er sein Bauunternehmen weiterführen könne, wie es hieß. Am 3. November rückte er dann doch in die JVA Bötzow ein. In der Haft gründete der Neonazi – Jahrgang 1974, geboren in Wismar – einen Verlag, der Lebensgeschichten von SA-Männern veröffentlichte. Der Name des Verlages: Veritas ...

Dem Verfassungsschutz Mecklenburg-Vorpommern waren vermutlich die engen Verbindungen der Neonazis aus Ludwigslust, Neustadt-Glewe und Wismar im Wesentlichen bekannt, durch Friedrisziks

Berichte wurden die Erkenntnisse vertieft. Doch obwohl das Thema Rechtsextremismus im Kontrollgremium des Landtages regelmäßig thematisiert wurde, blieben Konsequenzen aus. Der Handwerker unterhielt weiter unbehelligt – wie viele andere Veritas-Freunde – enge Kontakte in die Schweiz und bot ein Haus in Ludwigslust auf Ebay zum Verkauf an. Auf den Fotos der Immobilie waren die Nazi-Symbole notdürftig kaschiert worden.

Andere Personen aus dem Umfeld der Veritas-Gang arbeiteten für und in der Polizei, Justiz und Bundeswehr. K. von den Bandidos zum Beispiel war Polizist in Ludwigslust, und das zufällig in jener Inspektion, in der jahrelang und systematisch Meldedaten von politisch linksstehenden Bürgern aus Dienstcomputern kopiert wurden. Ihre Namen und Adressen fanden sich auf Todeslisten rechter Umstürzler.

2019 wurde Sven Krüger in den Gemeinderat von Gägelow gewählt, einem Dorf mit reichlich zweieinhalbtausend Einwohnern unweit von Wismar …

Nichts sehen, nichts hören, nichts sagen: Dieses längst überwunden geglaubte Muster schien den Umgang der Behörden in Mecklenburg-Vorpommern mit den Auswüchsen von Rechtsextremismus zu charakterisieren. Den Ursachen und Folgen dieser brandgefährlichen Entwicklung will dieses Buch auf den Grund gehen.

Ohne den Mut des SPD-Politikers Dirk Friedriszik und ohne die zahlreichen Gespräche mit ihm in Ludwigslust würde es, wie eingangs festgestellt, den nachfolgenden Text nicht geben.

2. Kapitel

WASCHI

An einem sonnigen und für die Jahreszeit viel zu warmen 5. März 2015 bekam das Landeskriminalamt Mecklenburg-Vorpommern Post. Die Schweriner Beamten öffneten ein Päckchen. Absender war der Staatsschutz Neubrandenburg. Der Inhalt war so geheim, dass später nicht einmal Innenminister Lorenz Caffier (CDU) als oberster Dienstherr der Polizei etwas davon gehört haben wollte. Gleich mehrfach in den vergangenen Jahren ließ sein Haus Journalisten wissen, dass dort niemand den Vorgang kenne.

Das Päckchen besaß politische Sprengkraft.

»Wie telefonisch vereinbart übersende ich eine Festplatte. Hierbei handelt es sich um eine Festplatte (Farbe schwarz) PIN HDTB11OEK3BA, NBPI0446 mit Kabel und Etui«, hatte der Absender, ein Neubrandenburger Kriminaloberkommissar, einem Hauptkommissar im Landeskriminalamt Schwerin im Begleitbrief mitgeteilt.

Die kriminaltechnische Untersuchung erfolgte im Dezernat Computerforensik. Dort durchforschte die Analysesoftware *X-Ways Forensics 18.8* den externen Verbatim-Speicher. Mit dem Programm konnten gelöschte und gesperrte Bereiche auf Festplatten sichtbar und lesbar gemacht werden.

Friedriszik wurden später die Protokolle aus Sicherheitskreisen zugespielt. Zu diesen schrieb der zuständige Kriminaloberkommissar in feinem Beamtendeutsch: »Die auf dem Datenträger vorhandenen benutzererstellten Daten wurden aus dem Abbild extrahiert und als Forensischer Bericht zur weiteren Auswertung durch sachbearbeitende Dienststelle auf eine Festplatte der KPI Neubrandenburg verbracht.« Will heißen: Nun gab es sogar eine Kopie der Festplatte.

Das Landeskriminalamt Mecklenburg-Vorpommern verfügte damit seit März 2015 über eine Menge entschlüsselter Daten aus der rechtsextremen Szene. Und auch der Absender, der Staatsschutz Neubrandenburg, konnte die wiederhergestellten Fotos, Videos, Briefe und Musikdateien lesen und auswerten.

Das belegen die an Friedriszik durchgesteckten Empfangsbestätigungen.

Doch das Schweriner Innenministerium will nie etwas davon gehört haben. Es will auch nichts gewusst haben von einer weiteren Festplatte ähnlichen Inhalts, die wenig später das Landeskriminalamt erreichte. Diesmal war ein externer Speicher vom Typ Maxtor verschickt worden – mit noch einmal vierzigtausend Dateien.

Wie erklärt sich das Unwissen? Ist die oberste Dienstaufsichtsbehörde schlecht informiert worden? Stand jemand in den Polizeidienststellen von Schwerin und Neubrandenburg auf der sprichwörtlich langen Leitung? Oder taten die Beteiligten nur unwissend?

Nach außen drang über den Inhalt der Festplatten offenkundig nichts. Nicht einmal die Geheimdienstgremien des Landtages wurden allem Anschein nach informiert, obwohl genau das in verdächtigen Fällen gesetzlich vorgeschrieben ist. Denn das auf den Festplatten Gefundene ist brisant, dies steht außer Frage. Der Staatsschutz schaltet sich nur bei Verdacht auf Terrorismus oder politische Kriminalität ein, nicht bei belanglosen Vergehen wie Ladendiebstahl oder Verkehrsdelikten. *X-Ways Forensic 18.8* kommt nur zum Einsatz, wenn etwa mutmaßlichen Terroristen oder politisch Kriminellen das Handwerk gelegt werden soll. In diesem Falle war eben jenes Rekonstruktionsprogramm eingesetzt worden.

Das beharrliche Schweigen der Behörden gründete vermutlich auf dem Wissen, wer die Festplatten einst mit Daten gefüttert hatte: Thomas K., der im vorpommerschen Stallberg elf Monate – bis September 2001 – im Panzergrenadierbataillon 411 seinen Wehrdienst abgeleistet und an mehr als einem Dutzend Übungen teilgenommen hatte. Zehn Jahre später, im Juli 2011, hatte der damals einunddreißigjährige Oberfeldwebel der Reserve eine Festanstellung beim Reservistenverband Neubrandenburg erhalten. Er war zu jenem Zeitpunkt den Ermittlungsbehörden als mutmaßlich gewaltbereiter Hooligan und Rechtsextremist bekannt. Aus diesem Grund hätte er den Job auch nie bekommen dürfen. Aber er bekam ihn.

Der Reservistenverband vertritt Veteranen der Bundeswehr. Laut Vereinssatzung darf nur mitwirken, wer auf dem Boden der freiheitlich-demokratischen Grundordnung steht. Das gilt besonders für die wenigen hauptberuflich Tätigen unter den 115 000 zumeist ehrenamtlich engagierten Vereinsmitgliedern. Diese besitzen nicht selten Zugriff auf Personalakten, reparieren Waffensysteme, trainieren mit scharfer Munition und pflegen Kontakte in die Bevölkerung. K. war kein unbescholtener Bürger mit weißer Weste – und erst recht kein überzeugter Demokrat, weshalb seine Anstellung eigentlich nicht hätte erfolgen dürfen.

Thomas K. legte dem Reservistenverband zwar ein einfaches polizeiliches Führungszeugnis ohne belastende Einträge vor. Doch war er in der Datei »Gewalttätiger Sport« gelistet, in der das Innenministerium Nordrhein-Westfalen prügelnde und randalierende Hooligans aus ganz Deutschland registrierte. K. stand dort schon seit zehn Jahren. Es gibt Fotos von ihm, auf denen er Polizisten vermummt attackiert und mit einer Eckfahne um sich schlägt. Die Staatsanwaltschaft Braunschweig (Aktenzeichen: 554Js23379/08) ermittelte gegen ihn wegen versuchter Körperverletzung, Landfriedensbruchs und des Zeigens verfassungsfeindlicher Symbole. Als mutmaßlich gewaltbereiter Hooligan war er nach Auskunft der Polizeiinspektion Wolfsburg-Helmstedt mindestens bis zum 6. Dezember 2012 gespeichert.

Im Jahr zuvor war er beim Reservistenverband angestellt worden.

K. war bewusst, dass er als mutmaßlich gewalttätiger Hooligan, dem Straftaten zur Last gelegt werden, deutschlandweit kein Stadion mehr betreten durfte. Deshalb bemühte er sich schriftlich darum, den Eintrag bei der Polizei löschen und das Stadionverbot für seinen Lieblingsverein Hansa Rostock aufheben zu lassen. Vergebens. Dennoch bewarb er sich beim Reservistenverband, und zwar erfolgreich. Der Geschäftsführung in Neubrandenburg fiel nichts Anstößiges auf, die Bewerbung überzeugte. Der Bewerber K. hatte nach seinem Wehrdienst vier Jahre lang, wenngleich ohne Abschluss, Betriebswirtschaft und Jura in Greifswald studiert und danach beim Landratsamt in Neustrelitz eine Ausbildung zum Kaufmann abgeschlossen. Anschließend arbeitete K. für eine Krankenkasse und die Arbeitsagentur. Seit 2008 war er Vorsitzender der Reservisten-Kreisgruppe Vorpommern-Strelitz. Dort war auch ein Wahlkreismitarbeiter von Innenminister Caffier (CDU) tätig ... Summa summarum: ideale Voraussetzungen für eine Anstellung.

Zur ganzen Wahrheit gehörte allerdings auch: K. hatte seine Biografie ein wenig korrigiert. Seit seiner Hochzeit, so weist es die Heiratsurkunde vom 18. Juli 2009 aus, trug er den Namen seiner Frau.

Da hätte, so er es denn vorgehabt hätte, der Reservistenverband lange und erfolglos nach einem gewaltbereiten Fußballfan namens Thomas K. suchen können. Er hätte nach einem Thomas W. suchen müssen. Und sie hätten entdeckt: Jener Thomas W. (jetzt also K.) gehörte zu den Mitbegründern der Ultragruppe »Baltic Boyz«, die Anfang der 2000er Jahre den Fußballclub Hansa Rostock anfeuerte. »Waschi« führte die Sektion Neubrandenburg der »Baltic Boyz«.

»Waschi« war die Koseform seines Familiennamens W., oder wie der Fachmann sagt: das Diminutiv.

Dass »Waschi« und die »Baltic Boyz« nicht nur Fahnen schwangen und blau-weiße Spruchtapeten bemalten, wusste auch der Verfassungsschutz des Landes

Mecklenburg-Vorpommern. Der führte die Sektion »Young Vikings Güstrow« – neben der Neubrandenburger, der Rostocker und der Stralsunder Gruppe die vierte der »Baltic Boyz« in MV – als gewaltbereit und rechtsextrem und sah Verbindungen zur NPD, zur rechtsextremen Kampfsport-Gruppe »Baltic Korps« und zu den »Nationalen Sozialisten Rostock«. Offiziell distanzierten sich die »Boyz« im Internet von der Gewalt. Man sei keine Organisation von Hooligans oder gewaltorientierten Leuten und verfolge auch keine politischen Ziele, hieß es dort auf Vorhaltung.

Auf Fotos posierte »Waschi« mit kahlköpfigen Freunden bei Auswärtsspielen von Hansa. Unter einem der Bilder, die später bekannt wurden, war der Name einer Rechtsrockband aus Salzgitter zu lesen: »JUNG und FREI«.

K. fiel in seinem neuen Job beim Reservistenverband ebenfalls auf. Der Hauptfeldwebel der Reserve zeigte sich erstaunlich unzuverlässig. Er habe Anträge schludrig ausgefüllt und eine Dienstreise falsch abgerechnet, hieß es später. Und er habe Jäger in die Reservistensportgemeinschaft gelockt, die einen Hang zu Verschwörungstheorien und die Neigung hatten, Waffen und Munition zu horten. Kollegen gingen zunehmend auf Distanz zu ihm.

Solche Feststellungen warfen die Frage auf, warum man sich nicht von K. getrennt habe. Gründe gab es augenscheinlich.

K. hatte im Frühjahr 2013 zum Beispiel die Teilnahme des von ihm geführten Kreisverbandes an einer paramilitärischen Übung in Polen organisiert.

In voller Kampfmontur nahmen die Strelitzer Kameraden an IPSC-Wettkämpfen teil. IPSC steht für *International Practical Shooting Confederation* und bedeutet, dass aus der Bewegung geschossen wird – wie im richtigen Gefecht. Weil dies kein Sport ist, lehnt der Reservistenverband der Bundeswehr die Teilnahme an solchen Wettkämpfen nicht nur ab, sondern verbietet sie auch. Das hinderte K. und seine Gruppe nicht, nach Polen zu fahren. Wie zum Trotz beurteilten die Reservisten ihre Dienstreise nach Stettin als »sehr interessantes IPSC-Schießen«. Die Meldung stand jahrelang auf der Internetseite der Kreisgruppe, der seit 2009 auch der nachmalige AfD-Bundestagsabgeordnete René Springer angehörte – ein Zeitsoldat der Marine, Afghanistan-Veteran und eine Zeit lang persönlicher Referent des AfD-Fraktionschefs Alexander Gauland.

Der Reservistenverband ist ein Verein, keine staatliche Institution, deren Angehörige von den Sicherheitsbehörden »durchleuchtet« werden können und müssen. Es handelt sich um einen freiwilligen Zusammenschluss von Gleichgesinnten, und die tun sich schwer, sich von einem Mitglied zu trennen, es auszuschließen. So auch der *Verband der Reservisten der Deutschen Bundeswehr e. V.* (VdRBw), 1960 in Bonn von ehemaligen Soldaten gegründet. Der Verband hatte es sich zur Aufgabe gemacht, aus dem Dienst ausgeschiedene Soldaten lebenslang zu betreuen, sie zu informieren und auch aus- und weiterzubilden. Das liegt im Staatsinteresse, weshalb die Arbeit auch finanziell vom Bundesverteidigungsministerium unterstützt wird, aktuell etwa mit achtzehn Millionen Euro jährlich. Allerdings bleibt der Verein dennoch ein Verein, seine Tätigkeit und sein Personal können von Außenstehenden – einschließlich der Nachrichtendienste – weder kontrolliert noch beeinflusst werden.

Nach der »Dienstreise« nach Szczecin im Frühjahr 2013 schien für die Verbandsführung in Bonn die Schmerzgrenze in der Causa K. überschritten. Wobei nicht klar ist, ob das, was Monate später passierte, damit in einem kausalen Zusammenhang stand. Nämlich: Am 26. September 2013 forderten die Vorgesetzten in Neubrandenburg K. auf, eine Festplatte des Verbandes an den Landesverband zurückzugeben. Der Datenspeicher war in ihrem Auftrag zwei Jahre zuvor von K. gekauft worden, um Informationen des Landesverbandes darauf zu speichern.

K. reagierte nicht.

Einer zweiten Aufforderung im Dezember 2013 kam er ebenfalls nicht nach.

Anfang Januar 2014 erklärte K. dem Landesvorsitzenden nach der dritten Intervention, er habe den Datenträger in seiner Wohnung »vergessen«. Daraufhin wurde K. ultimativ aufgefordert, diese Mitte Januar zu einer Tagung nach Dresden mitzubringen und zu übergeben.

Was auch geschah.

Zurück in Schwerin wurde die externe Festplatte an einen Computer des Landesverbandes angeschlossen und unter den vielen Ordnern nach dem Fotoarchiv des Reservistenverbandes gesucht. In der irrtümlichen Annahme, versehentlich eine Datei gelöscht zu haben, versuchte man mit dem Rettungsprogramm *Recuva* die vermeintlich verschwundenen Daten wieder sichtbar zu machen.

Und staunte nicht schlecht.

Neben Adresslisten des Reservistenverbandes und Bildern von Verbandsveranstaltungen förderte das Recovery-Werkzeug nämlich auch etwa vierzigtausend zuvor gelöschte Dateien zutage, darunter private Briefe, Videos und Fotos, die K. als Hooligan in Aktion zeigen. Eine Datei enthielt Adolf Hitlers Buch »Mein Kampf«, Neonazi-Propagandabilder und zahlreiche indizierte rechtsradikale Musikdateien wurden plötzlich sicht- und hörbar.

Auf die verständliche Nachfrage aus Schwerin erklärte K. entschuldigend, es handele sich wohl um seine private Festplatte, die er irrtümlich in Dresden übergeben habe.

Inzwischen hatte die Geschäftsstelle des Landes die Festplatte am 22. Januar 2014 per Express an die Bundesgeschäftsstelle des Reservistenverbandes nach Bonn gesandt. Ungeachtet dessen verlangte Schwerin weiterhin die Herausgabe der dienstlichen Festplatte, die K. anderentags per Post nach Schwerin sandte. Erneut kam *Recuva* zum Einsatz, denn auch auf dieser Platte waren Daten gelöscht worden in der Größenordnung von einem Terabyte. Die wünschte man aufgrund der Erfahrungen mit der ersten Platte natürlich zu lesen.

Am nächsten Tag zeigte der Computer eine nicht enden wollende Liste mit fast einer Viertelmillion Dateien. Allein das Inhaltsverzeichnis umfasste fast 5600 Seiten.

Gelöscht worden war brandaktuelles und brisantes Material aus der deutschen Neonazi-Szene, darunter Tausende Musikstücke und Videos wie »Adolf Hitler –

DEUTSCHE JUDEN.mp3«, »Blood & Honour – The Protocols – The forced war.mp3«, »Division Wiking – Nordischer Spross.mp3«, »ss-Totenkopf – Track 11.mp3«, »Zillertaler Türkenjäger – SS-SA-Germania.mp3« und »Arisches Blut – Hitlers 100. Geburtstag.mp3«. Einige der rechtsextremistischen Musikstücke stammten von kaum bekannten Bands aus Greifswald und Waren.

Alle Files ließen sich öffnen und abspielen. Das erklärten im Sommer 2020 Mitarbeiter des Reservistenverbandes, die damals Zeugen der Rekonstruktion waren, in eidesstattlichen Versicherungen gegenüber Dirk Friedriszik.

Die Bundeszentrale des Reservistenverbandes reagierte auf die Mitteilung aus Schwerin irritiert und erbat auch diese Festplatte. Sie wurde am 25. Januar 2014 der Bundesgeschäftsstelle in Bonn übergeben.

Die Eile erklärt, weshalb in Schwerin nur zwanzig Seiten des Inhaltsverzeichnisses ausgedruckt worden waren. Begleitkommentar eines Vertreters des Landesverbandes Mecklenburg-Vorpommern: »Herr K. hat – aus Sicht des Landesvorstands – mit diesem ungeheuerlichen und durch nichts zu entschuldigenden Vorgang die Verbandsinteressen massiv geschädigt bzw. ernsthaft gefährdet und sich eines der Mitgliedschaft unwürdigen Verhaltens schuldig gemacht.«

Die ungeheuerliche Entdeckung und zutreffende Beurteilung blieben jedoch für K. folgenlos. Mal abgesehen von der Tatsache, dass die Geschäftsstelle des Reservistenverbandes in Bonn dem Bundesamt für Verfassungsschutz (BfV) im benachbarten Köln die beiden Festplatten im Februar 2014 übergab. Der CDU-Bundestagsabgeordnete Roderich Kiesewetter,

Präsident des Bundesverbandes der Reservisten, gelangte – nachzulesen in einer seiner Mails – zu der Überzeugung, dass insbesondere das Inhaltsverzeichnis der zweiten, also der dienstlichen Festplatte, nicht einfach etwa per Google hätte zusammengestellt werden können. »Das legt den Schluss nahe, dass es sich beim Ersteller der Liste um einen Spezialisten handelt.«

Einige Wochen später fragte Kiesewetter beim BfV nach, wie die Verfassungsschützer die Angelegenheiten sähen. Deren Urteil war eindeutig. Es sei klar, dass der Urheber der Datensammlung über beste Kontakte in die rechtsextremistische Szene verfüge, er sei zweifelsfrei ein »echter Neo-Nazi«.

So fasste Kiesewetter am 14. Oktober 2014 das Dossier des BfV zusammen.

Ende 2014 signalisierte das Bundesamt in Köln sein Befremden darüber, dass K. nach wie vor in seiner Funktion tätig sei.

Erstaunlich: Wenige Jahre später sollte das Bundesamt für Verfassungsschutz seine Meinung in dieser Causa überraschend korrigieren. Auf die Anfrage der Bundestagsabgeordneten Martina Renner (Die Linke) antwortete nämlich die Bundesregierung im Mai 2018: »Dem BfV liegen keine Erkenntnisse zu einer Einstufung von Thomas K. als Rechtsextremist sowie zu rechtsextremistischen Inhalten auf einer Festplatte vor.«

Keine Erkenntnisse zu rechtsextremistischen Inhalten? Thomas K. kein Rechtsextremist? Und warum war nur von einer Festplatte die Rede, obwohl Martina

Renner doch ausdrücklich nach *zwei* Festplatten und deren Inhalt gefragt hatte?

Am 13. Februar 2014 war K. in der Bonner Geschäftsstelle zum Inhalt beider Festplatten befragt worden. Zwar hatte er eingeräumt, dass es Personen in seinem Freundeskreis gebe, bei denen der Eindruck entstehen könnte, »dass die Gesinnung durchaus rechts« sei, aber mit den bewussten Inhalten auf den Festplatten habe er nichts zu tun. Vermutlich seien sie nachträglich und ohne sein Zutun auf die Datenspeicher aufgespielt und dann wieder gelöscht worden.

Um K. geräuschlos loszuwerden, bot ihm die Verbandsführung eine Abfindung und ein gutes Zeugnis an, wenn er seine Funktion in Neubrandenburg aufgeben würde. Obgleich das Vertrauensverhältnis zwischen ihm und dem Landesverband irreparabel zerstört war, wich K. nicht von seinem Posten. Eine Versetzung empfinde er, »als ob ich die Menschen, die mir vertrauen, im Stich lasse«.

Vier Tage später gab er zu Protokoll, »wie fest ich zu unserer freiheitlich-demokratischen Grundordnung stehe, wie sehr ich Rechts- und jede andere Form von Extremismus ablehne und verabscheue«. Das Lippenbekenntnis genügte offenbar, die Bundesgeschäftsstelle in Bonn gnädig zu stimmen.

Dennoch folgten weitere Personalgespräche.

Ende Juni 2014 wurde K. in Berlin vom Justiziar des Reservistenverbandes befragt. Der Rechtsanwalt Hans-Joachim Jungbluth aus Offenbach konfrontierte K. mit »zwei externen Festplatten, die sich auf dem Tisch befinden«. Er gab den Namen »Hitler« im Computer ein und präsentierte K. eine Unmenge von

Treffern, die der Filter von der dienstlichen Festplatte fischte. Der Justiziar las Dateinamen vor, darunter Aufnahmen der Band »Arisches Blut«. Ihre Alben trugen Titel wie »Vorwärts für Hitler!« oder »Ein Führer«. 2003 hatte das brandenburgische Innenministerium CDs dieser Band auf den Index gesetzt. Textzeilen wie »Mit Waffen gegen die jüdische Brut ... Stehe auf wie eine Eiche fest – und bekämpfe diese Judenpest« wurden als antisemitisch, volksverhetzend und rechtsextremistisch eingestuft. Der Sänger der Gruppe, Daniel Eggers aus Mecklenburg-Vorpommern, war 2001 gestorben. Hartnäckig hielt sich das Gerücht, frühere Neonazi-Kumpel hätten ihn im Kiebitzmoor bei Grevesmühlen ermordet, weil sie ihn für einen V-Mann des Verfassungsschutzes hielten. Offiziell hat Eggers im Alter von 26 Jahren Suizid begangen, er hatte sich angeblich erhängt. Rund fünfhundert rechtsextremistische Lieder wurden Eggers zugeschrieben, viele fanden sich auf der Festplatte von Thomas K.

»Ein paar Dateien spielte Herr Jungbluth kurz vor und stellt klar, dass es sich bei diesen Dateien *nicht* um verwerfliche Dateien handelt, er aber auch keine Notwendigkeit sieht, dass sich solche Dateien in dieser Masse auf einer dienstlichen Festplatte befinden.« So hieß es im Gesprächsprotokoll.

Wenn dies so gesagt worden ist, also dass diese Nazi-Lyrik »nicht verwerflich« sei, stellte sich zweifellos die Frage nach der Gesinnung desjenigen, der das gesagt haben sollte. Die *Tageszeitung* (*taz*) konfrontierte Jungbluth im Januar 2018 mit dieser Aussage. So habe er das nicht gesagt und erst recht nicht gemeint. Seine

Aussage, die Dateien seien nicht verwerflich, habe sich auf Fernsehdokumentationen wie *ZDF History* bezogen. Offenkundig waren auch solche Sendungen aufgezeichnet, auf der Festplatte gespeichert und wieder gelöscht worden.

Die Journalisten der *taz* gaben sich damit nicht zufrieden. Was es denn mit Musikdateien wie »Arisches Blut – Hitlers 100. Geburtstag.mp3« auf sich habe? Seien die auch »nicht verwerflich«?

Darauf Hans-Joachim Jungbluth: Er habe die Datei mit dem Titel »Arisches Blut« nicht abspielen, nur den Dateinamen lesen können, hinter dem sich theoretisch auch völlig Unbedenkliches hätte befinden können, zum Beispiel das Lied von der Biene Maja.

Auf die Frage, ob das für alle Dateien gegolten habe – auch die von »Division Wiking«, »Rassenhass« oder die »Zillertaler Türkenjäger« – antwortete Jungbluth: Ja. Es hätten halt die Beweise gefehlt.

Im Protokoll selbst findet sich kein Hinweis darauf, dass Dateien nicht abspielbar gewesen seien. Dort heißt es lediglich: »Ein paar Dateien spielte Herr Jungbluth kurz vor.«

Warum sich angeblich ausgerechnet unbedenkliche Dateien wie *ZDF History* hätten abspielen lassen, nicht jedoch die bedenklichen, konnte Jungbluth auch nicht erklären. Wie er eben auch nicht die Urheberschaft festlegen mochte. Darin folgte er der Argumentation des Festplatten-Besitzers. Welche Dateien von K. seien und welche nicht, lasse sich nicht mehr eindeutig klären. Dazu seien die Festplatten mittlerweile durch zu viele Hände gegangen. Jeder hätte etwas darauf kopieren können.

Wer ist »jeder«? Intrigante Kollegen im Reservistenverband? Das Landeskriminalamt? Der Staatsschutz in Neubrandenburg? Der Militärische Abschirmdienst? Die Verfassungsschützer in Schwerin oder ihre Kölner Kollegen vom Bundesamt?

Jungbluth legte sich nicht fest. Er sagte nur, dass den Festplatten die Beweiskraft fehle. Wohlgemerkt: beiden Festplatten.

Warum aber stellte Jungbluth K. nur Fragen zur dienstlichen Festplatte, auf der sich angeblich kaum eine Datei hatte öffnen lassen? Warum konfrontierte der Verbands-Justiziar den Hauptfeldwebel der Reserve nicht mit der anderen, der angeblich privaten Festplatte, die doch ebenfalls auf dem Tisch lag und von der er wissen konnte, was sie – neben allerlei Dienstlichem und Privatem – sonst noch für Dateien enthielt? Warum lenkte er das Gespräch so schnell auf die Frage, dass an den Datenträgern nach deren Übergabe manipuliert worden sein könnte? Hätte er stattdessen nicht hartnäckig dem Vorwurf nachgehen müssen, dass sich auf den Festplatten rechtsextremistisches Material befand, das zweifelsfrei zugeordnet werden konnte – Fotos und Videos, die den Reservisten der Bundeswehr K. eindeutig als Hooligan und Rechtsextremisten auswiesen und damit belasteten?

Die Diskussion um die Festplatten sollte in den folgenden sechs Jahren immer skurriler werden. Die einen wollten *alles* gesehen und gehört haben und erklärten sich bereit, dies auch unter Eid zu bezeugen, legten aber selbst keine Beweise vor. K. selbst bestritt die erhobenen Vorwürfe und rechnete anscheinend auf die Rückendeckung des Bundesverbandes und/

oder das Stillhalten der Sicherheitsbehörden. Vielleicht baute er intuitiv auch auf deren eingeschränkte Wahrnehmung. So untersuchte beispielsweise der Militärische Abschirmdienst (MAD) lediglich die Dienstfestplatten, die K. während seiner Zeit als Wehrpflichtiger 2000/2001 in Stallberg genutzt hatte.

Verbandspräsident Kiesewetter vermutete im Oktober 2014 in einer internen Mail, »dass K. durch die Dienste bewusst geschützt wird«.

Aber warum?

Andere interne Kritiker meinten, der Rechtsextremist K. habe sich in den Reservistenverband eingeschlichen, um Gleichgesinnte einzuschleusen und die Organisation zu unterwandern. Einige äußerten den Verdacht, alte Seilschaften, die K. auf dem Zettel hätten, wollten ihm schaden, indem sie ihm das Neonazi-Etikett verpasst hätten. (Diese Opfer-These war später auch K.s Strategie gegenüber der Staatsanwaltschaft.) Dritte wiederum nährten den Verdacht, dass der Hauptfeldwebel d. R. eventuell Informant eines Nachrichtendienstes und als V-Mann in der Hooligan-Szene unterwegs gewesen sein könnte – mit dem Job im Reservistenverband als Legende?

Im August 2020 traf sich MdL Dirk Friedriszik mit Informanten in der Nähe von Schwerin. Nach zähem Verhandeln erhielt er die Kopie einer der beiden Festplatten. Es ist jene »private«, die K. als erste dem Landesvorstand sechs Jahre zuvor übergeben hatte. Nur zur Erinnerung: Offiziell hatte es stets geheißen, es gebe davon keine Kopie.

Es dauert länger als eine Woche, ehe es mir gelang, die Festplatte (Marke »Maxtor«) mit mehr als vierzigtausend Dateien auszuwerten. Zwischen zahlreichen Aufnahmen von Feiern und Übungen des Reservistenverbandes sowie harmlosen Familienbildern fanden sich Tausende pornographischer Fotos und Videos, mindestens ebenso viele Aufnahmen von Schießübungen in Südafrika, Namibia und Afghanistan, Fotos von Handgranaten, Maschinengewehren, Pistolen, Panzern, Karabinern, Lenkwaffen, Torpedos und Sprengfallen. Ekelerregend, angstmachend – oder eine geschickte Mischung, wie sie mit Vorliebe Geheimdienste komponieren, um Personen zu kompromittieren.

Fast zweihundert Bilder von Offizieren und Generälen der Waffen-SS waren auf der Festplatte gespeichert, auffallend viele von der Leibstandarte »Adolf Hitler«, von SS-Totenkopfverbänden und der SS-Panzer-Division »Wiking«, die sich durch zahlreiche Kriegsverbrechen hervorgetan hatte. Die Fotos zeigten SS-Größen, die besonders rücksichtslos und grausam in den von der Wehrmacht besetzten Gebieten gegen die einheimische und gegen die jüdische Bevölkerung vorgingen. Unter den »Helden« Sylvester Stadler, Kommandeur der 9. SS-Panzer-Division. Ein von ihm befehligtes SS-Regiment verantwortete das Massaker im südwestfranzösischen Oradour-sur-Glane. Bei diesem größten in Westeuropa während des Zweiten Weltkrieges verübten Massenmord starben weit über sechshundert Menschen. Frauen und Kinder wurden in der Dorfkirche eingesperrt und diese angezündet, Männer und Jugendliche erschossen. Im Januar 2014 war erstmals in der Bundesrepublik gegen einen Täter Anklage erhoben worden, und Oradour-sur-Glane war

Thema in den Medien. Das erklärte vielleicht auch, warum Stadler auf K.s Platte gekommen war ...

Garniert wurde diese Sammlung von Mördern von einem Konzert rechtsextremistischer und gewaltverherrlichender Musik. In der siebten Datei fand sich das »Lynchlied« der Rechtsrock-Band »Die Lunikoff Verschwörung«. Frontmann Michael Regener hatte sie gegründet, nachdem 2003 seine Band »Landser« als kriminelle Vereinigung verboten worden war. Das »Lynchlied« war in jenem Jahr veröffentlicht worden. Darin heißt es: »Und von Hamburg bis nach München / würden sie mich gerne lynchen. Aber dafür müssten sie mich erst mal kriegen.« Der Song gilt als Hommage auf die Mordserie des NSU und als Verspottung der Polizei und der Sicherheitsbehörden, die jahrelang auf der Suche der Mörder im Dunkeln tappten.

Thomas K. hatte das Lied am 20. Juni 2007 abgespeichert – wenige Wochen nach dem Mord an der Polizistin Michelle Kiesewetter in Heilbronn. Erst im November 2011 war der Anschlag dem Nationalsozialistischen Untergrund (NSU) zugeschrieben worden.

Und so ging es auf der Festplatte in einem fort: Störkraft, Sturmwehr, SS-Lied, Stadionverbot. Besonders viele zweifelhafte Musikstücke stammten von der Hooligan-Gruppe »Hungrige Wölfe/Kategorie C«. Deren Sänger Hannes Ostendorf ist der Bruder des NPD- und »Blood and Honour«-Aktivisten Henrik Ostendorf, der 1991 an einem Brandanschlag auf eine Flüchtlingsunterkunft in Bremen beteiligt war ...

Auf dem vorliegenden Speichermedium – der Friedriszik überlassenen Kopie – ließen sich alle Dateien problemlos öffnen. Und auf dem Original nicht, wie etwa das Gesprächsprotokoll mit dem Justiziar Jungbluth vom Reservistenverband insinuiert? Dem lag damals, nur zur Erinnerung, auch die zweite Festplatte vor, auf der Bilder gespeichert waren, die Thomas K. zeigten, wie er Polizisten angriff und sie als »Bastarde« beleidigte. Und wie er, mit einer schwarzen Maske, Ordnungskräfte am Rande des G8-Gipfels in Rostock attackierte. Damals, im Juni 2007, waren hunderte Polizisten verletzt worden, darunter einige sehr schwer. Auch diese K. eindeutig belastenden Aufnahmen auf der Festplatte wollten die Auswerter nicht gesehen haben, weshalb strafrechtliche Konsequenzen ausblieben?

Wenige Tage nach der Auswertung dieses Speichermediums traf sich MdL Dirk Friedriszik im September 2020 mit einem Mitglied des Reservistenverbandes Mecklenburg-Vorpommern. Dieser wollte sechs Jahre zuvor den als dienstlich deklarierten Speicher von Thomas K. gemeinsam mit zwei weiteren Veteranen, die Friedriszik den Sachverhalt später ebenfalls bestätigten, eingesehen und ausgewertet haben. Lange hätten sie geschwiegen – aus Angst vor Repressalien, aus Furcht um ihre Familien, aus Sorge um ihre Gesundheit, wie sie sagten. Nunmehr jedoch wollten sie das Schweigen beenden und versicherten an Eides statt, was sie auf jener Festplatte gesehen haben wollen, was sie nicht mehr hatte ruhig schlafen lassen.

Was berichteten sie dem Landtagsabgeordneten im Einzelnen?

Erstens, dass sich auf der zweiten Festplatte (Marke »Verbatim«) ein 5600 Seiten umfassendes Inhaltsverzeichnis befunden habe, und dass zweitens sich sämtliche Dateien hätten öffnen lassen. Und dass drittens viele Dateien belastendes Material enthielten. Belastend für den Besitzer der Festplatte und belastend für K., der auf etlichen Fotos zu sehen war.

Als besonders brisant empfanden die drei Männer Inhalte, die mit dem Fanzine, also dem von Fans für Fans gemachten Magazin *Der weiße Wolf* (1996 in der JVA Brandenburg als *Rundbrief für Kameraden* gegründet), identisch waren. Nicht minder gefährlich die mit der später in Krakow am See gefundenen CD »NSU/NSDAP« deckungsgleichen Inhalte, die sie auf der dienstlichen Festplatte ebenso gesehen haben wollten wie das NSU-Bekennervideo mit dem rosaroten Panther. MV-Verfassungsschutzchef Reinhard Müller wird die brisante Übereinstimmung später am 15. Januar 2021 vor dem NSU-Untersuchungsausschuss in Schwerin unfreiwillig bestätigen. Müller beschrieb dort den Inhalt der Krakower NSU-CD bis ins kleinste Detail. Friedriszik, der den Inhalt der Festplatte von Thomas K. kannte, war sofort klar: Die Speichermedien aus Krakow und Neubrandenburg mussten den gleichen Ursprung haben.

Das habe bei ihnen, den Augen- und Ohrenzeugen der Rekonstruktion der Festplatte, natürlich die Frage aufgeworfen: War K. ein Sympathisant des NSU? Oder vielleicht sogar mehr?

Wie inzwischen bekannt, unterhielten Uwe Mundlos, Uwe Böhnhardt und Beate Zschäpe enge Kontakte nach Mecklenburg-Vorpommern. Sie hatten 2004 in Rostock den Kurden Mehmet Turgut ermordet, in Stralsund 2006 und 2007 zweimal dieselbe Sparkassen-Filiale ausgeraubt, in Krakow am See und auf der Insel Rügen mehrere Wochen Campingurlaub gemacht.

Der Hinweis der Reservisten auf einen File »NSU/ NSDAP« wirkte auf Friedriszik elektrisierend. Denn der Inhalt dieses Files war Anfang 2014 – als sie K.s rekonstruierte Festplatte lasen – öffentlich noch nicht bekannt. Erst am 6. November 2014 hatte der *Spiegel* publik gemacht, dass bei Ermittlungen gegen Chemnitzer Neonazis Fahnder auf einen Datenträger gestoßen seien, »der Propagandamaterial einer Gruppe namens ›NSU/NSDAP‹ enthält«. Wörtlich hatte es dort geheißen: »Ein Ordner mit dem Namen ›nscd‹ gibt Fahndern Rätsel auf. Er enthält Tausende Dateien mit rechtsextremem Bildmaterial, und er ist auf einer CD, die offenbar von einer Gruppe namens Nationalsozialistischer Untergrund der NSDAP (NSU/NSDAP) zusammengestellt wurde. Das Konvolut, so heißt es in einem Begleittext, sei ›die erste umfangreiche Bilddaten-CD‹ dieser Gruppierung«. Und es wird die Vermutung geäußert, dass dieser Datenträger »wohl seit 2005 in der rechten Szene verbreitet« worden sei.

Das trifft vermutlich zu. Drei Mitarbeiter des Bundeskriminalamtes hatten zufällig im Archiv der BfV-Zentrale im September 2014 eine Kopie eben jener CD gefunden. Das Bundesamt für Verfassungsschutz besaß sie seit August 2005 – ihr V-Mann »Corelli« (mit bürgerlichem Namen Thomas Richter), dem sie angeblich per Post zugestellt worden war, hatte diesen Datenträger damals dem Verfassungsschutz übergeben. (Richter war im Frühjahr 2014 verstorben und konnte daher zu dieser Causa nicht mehr befragt werden.)
Hatte man in Köln-Chorweiler diese CD wirklich vergessen, übersehen, ohne Absicht ignoriert?

Seit August 2012 war Hans-Georg Maaßen Präsident des Bundesamtes, er sollte es bis zu seiner Versetzung in den einstweiligen Ruhestand im November 2018 bleiben. Maaßen behauptete später, von einer solchen CD erst im März 2013 erfahren zu haben – nachdem ein Informant eine Kopie beim Hamburger Verfassungsschutz abgeliefert habe mit dem Hinweis, sie stamme von »Corelli«. Thomas Richter alias »Corelli« soll dem Vernehmen nach zwischen 2005 und 2006 allein 92 CDs mit Bezügen zum NSU dem Verfassungsschutz übergeben haben. Entschuldigend erklärte die Behörde, niemand habe damals wissen können, was sich hinter dem Kürzel »NSU« verberge.

Dabei war das Cover der CD bereits 2002 im Neonazi-Fanzine *Der Weiße Wolf* veröffentlicht worden – zusammen mit einem Dank an den NSU für eine Spende in Höhe von 2500 Euro. Auch diese Ausgabe des Neonazi-Magazins hatte »Corelli« 2002 dem Verfassungsschutz übergeben. Verantwortlich für den Abdruck des Dankes an den NSU zeichnete der frühere Bundeswehrreservist David Petereit, wohnhaft im mecklenburgischen Neustrelitz unweit von Neubrandenburg. In der 18. Ausgabe des Heftes war zu lesen: »Vielen Dank an den NSU. Es hat Früchte getragen ;–). Der Kampf geht weiter.« Dieser Petereit saß von 2011 bis 2016 für die NPD im Landtag in Schwerin.

Nun also, im Herbst 2020, erfuhr MdL Dirk Friedriszik von den drei Zeugen, dass deckungsgleiche Inhalte sowohl des Fanzines *Der Weiße Wolf* als auch der »NSU/NSDAP«-CD auf der Festplatte gespeichert waren, die Thomas K. im Januar 2014, wenngleich widerwillig, dem Reservistenverband ausgehändigt und das Landeskriminalamt in Schwerin erreicht hatte, abgeschickt vom Staatsschutz in Neubrandenburg. Jene Festplatte also, deren Dateien der Justiziar des Reservistenverbandes angeblich nicht hatte öffnen können und die seit fünf Jahren im Archiv der Sicherheitsbehörden von Mecklenburg-Vorpommern unter Verschluss lag.

Es kann nicht ausgeschlossen werden, dass jene, die das entschieden hatten, die politische Sprengkraft ahnten, die diese Festplatte darstellte, und darum so entschieden, wie sie es taten.

Wenn nicht sogar andere Gründe dafür in Anspruch genommen werden konnten.

Der einstige Neonazi »Corelli« galt im Bundesamt für Verfassungsschutz als einzige Quelle, die persönliche Kontakte zu einem Mitglied des NSU-Trios unterhielt. Zwischen 1994 bis 2007 kassierte er für diese Nähe etwa 180 000 Euro. Sein Name stand auf einer Adressliste, die Ermittler 1998 bei Uwe Mundlos fanden. Nach Richters Enttarnung als V-Mann wurde er 2012 in ein Zeugenschutzprogramm aufgenommen und mit einer neuen Identität (»Thomas Dellig«) ausgestattet. Im April 2014, wenige Wochen nach der – vermutlichen – Entdeckung der »NSU/NSDAP«-CD auf der Festplatte von Thomas K., fand man den 39-jährigen »Corelli« tot in seiner Wohnung im Landkreis Paderborn auf. Wenige Stunden später hatte er eigentlich auspacken wollen oder sollen. Er wäre ein wichtiger Zeuge, vermutlich der wichtigste Zeuge im NSU-Komplex geworden. Über die offizielle natürliche Todesursache – »komatöser Zuckerschock« – wurden immer wieder Zweifel laut. Die Staatsanwaltschaft Paderborn stellte im März 2017 die Ermittlungen mit der Begründung ein, es gebe keinen Hinweis auf Fremdeinwirken.

Kurz vor seinem Tod hatte »Corelli« Textnachrichten an einen gewissen »Tommy« gesandt. Um wen es sich dabei handelte, wissen die Behörden angeblich bis heute nicht.

Am 1. Juni 2012 gab es am Rande der Innenministerkonferenz (IMK) im mecklenburgischen Ferienresort Fleesensee ein Vieraugengespräch zwischen BfV-Präsident Hans-Georg Maaßen und dem Innenminister von Mecklenburg-Vorpommern, Lorenz Caffier. Beide vereinbarten Stillschweigen über den Inhalt des Gespräches.

Auf der Konferenz ging es vornehmlich um die Gewalt in Fußballstadien. Der Vorschlag des IMK-Vorsitzenden Caffier, Gesichtsscanner in den Stadien zu installieren, fand keine Mehrheit. Bei der Abschlusspressekonferenz forderte Caffier die Nutzung des Internets durch Polizeibehörden, soziale Netzwerke dürften kein Tabubereich für die Polizei sein. *Heise online* dazu am Abend des 1. Juni 2012: »Die ursprünglich auf der Tagesordnung stehenden Fragen einer möglichen Neustrukturierung der Zusammenarbeit von Polizei und Geheimdiensten und die Frage des NPD-Verbotes wurden auf eine der nächsten IMK verschoben. Zunächst sollten die Ergebnisse der parlamentarischen Untersuchungskommissionen zur Mordserie der rechtsextremistischen Terrorzelle NSU abgewartet werden«, erklärte Caffier.

3. Kapitel

EISERNE RESERVE

Am Nachmittag des 19. Dezember 2004 überspielte Thomas K. zwei kurze Videosequenzen auf die private Festplatte. Neunzehn Sekunden dauerte die eine Szene, einundzwanzig die andere. Sie zeigten zwei Männer, die nacheinander mit einer Maschinenpistole vom Typ MP5 aus der deutschen Waffenschmiede Heckler & Koch schießen.

Beide Filme trugen die Überschrift »In der Waffenburg«. Die »Waffenburg« war eine private Schießanlage, sie lag siebzig Kilometer nordöstlich von Rostock im Ostseebad Zingst auf der Halbinsel Fischland-Darß. Nach Auffassung des Verfassungsschutzes war die Schießbahn ein konspirativer Treffpunkt der rechten Szene, insbesondere der sogenannten Reichsbürger, welche die Existenz der Bundesrepublik leugneten und Deutschland noch immer in den Grenzen von 1937 sahen. So zumindest sagte es Innenminister Lorenz Caffier, als er von mir auf die »Waffenburg« angesprochen wurde.

Von außen wirkte das gelb gestrichene Gebäude wie eine germanische Trutzburg mit Zinnen und Ecktürmen. »Schießen für Jedermann« stand in braunroten

Großbuchstaben über dem Eingang des umgebauten Schafstalls. Das »Leistungszentrum« warb mit individueller Schießausbildung, professionellen Prüfungen und Firmenevents. In nur vier Tagen wollte es Interessierte zum Jagdschein führen. Thomas K. musste den Betreiber der Anlage gut gekannt haben, weil er schon Wochen vor der offiziellen Eröffnung im Januar 2005 in der »Waffenburg« schießen durfte. Im Video war zu sehen, dass er einen Gehörschutz, eine schwarze Hose und einen schwarzen Rollkragenpullover trug. Nach dem Kommando »Feuer frei!« gab er stehend mit der Maschinenpistole dreizehn Einzelschüsse ab. Ein zweiter Schütze feuerte auf gleiche Weise, offensichtlich mit derselben Waffe. Der leicht untersetzte Mann mit stoppelkurzen dunkelblonden Haaren trägt eine graue Jacke, Gehörschutz und eine runde Nickelbrille.

Beide feuerten wie selbstverständlich mit einer Waffe, deren private Nutzung nicht erlaubt ist. Paragraf 6.2 der *Allgemeinen Waffengesetz-Verordnung* (AWaffV) schließt vom sportlichen Schießen »halbautomatische Schusswaffen«, »die ihrer äußeren Form nach den Anschein einer vollautomatischen Kriegswaffe hervorrufen«, explizit aus. Solche Waffen sind Angehörigen von Bundeswehr, Polizei und Bundespolizei vorbehalten.

Als ich den Betreiber der »Waffenburg« im September 2020 mit diesen Aufnahmen konfrontierte, sagte er, es habe sich um eine täuschend echte Kopie der MP5 gehandelt, nicht um ein Original.

Die Antwort war fadenscheinig. Denn auch mit einem Nachbau hätten die beiden Männer nicht bei ihm schießen dürfen.

Die Schießkladde von 2005, in der die Namen der Schützen notiert wurden, wollte der Betreiber nicht mehr haben. Wurde vernichtet, liegt ja auch fünfzehn Jahre zurück. Er könne sich zwar noch an die Waffe erinnern, nicht jedoch, wer mit ihr geschossen habe. Experten schließen aus der Physiognomie, dass es sich beim zweiten Schützen um Tino Brandt handeln könnte, einen der engsten Unterstützer der NSU-Terroristen Uwe Mundlos, Uwe Böhnhardt und Beate Zschäpe, Kopf des Netzwerkes »Thüringer Heimatschutz«, einer der aktivsten Neonazi-Kader Deutschlands. Als die beiden Männer im Dezember 2004 in der »Waffenburg« mit angeblichen Kopien der MP5 ballerten, war der Öffentlichkeit seit etwa drei Jahren bekannt, dass jener Tino Brandt als V-Mann für den Thüringer Verfassungsschutz gearbeitet und insgesamt 100 000 Euro für seine Spitzeltätigkeit kassiert hatte. Mit diesem Geld finanzierte Brandt den Aufbau neuer Neonazi-Netzwerke.

K. lud die Videos Ende des Jahres 2004 auf seine Festplatte. Zehn Monate zuvor hatte der NSU in einem Döner-Imbiss in Rostock-Toitenwinkel Mehmet Turgut erschossen. Die Täter verfügten ganz offenkundig über detaillierte Ortskenntnisse.

Das Logo des NSU, das 2011 nach dem Auffliegen der Terrorzelle publik wurde, zierte jene Maschinenpistole vom Typ MP5 Heckler & Koch, die auf dem Video zu sehen war.

Das wirft die Frage auf: Hatte der NSU in Rostock Helfer und Unterstützer aus der Region? Vermutet wird das schon lange. Und: Waren die beiden Schützen aus der »Waffenburg« in NSU-Strukturen eingebunden, die der Inlandgeheimdienst nicht nur kannte, sondern – etwa über Tino Brandt – indirekt finanzierte?

Die subversive Idee, den Staat zu unterwandern, ihn zu übernehmen, verbreiten seit Beginn der neunziger Jahre viele rechte Vordenker. Interessant für die Kanalarbeit sind Polizei und Bundeswehr mit ihren Strukturen und Waffen, sie sind die exekutive Gewalt des Staates, den man zu okkupieren beabsichtigt. Auch Vorfeldorganisationen wie der Reservistenverband sind attraktiv ...

2019 stellte das Landesschiedsgericht das gegen Thomas K. angestrengte Ausschlussverfahren ein – aufgrund der langen Verfahrensdauer und »mangels Aussicht auf Erfolg«, wie aus internen Unterlagen hervorgeht, die Friedriszik vorliegen. K. blieb bis Ende 2020 weiter einer von bundesweit 300 hauptamtlichen Mitarbeitern des Reservistenverbandes, ehe er selbst den Dienst quittierte und sich einer Sicherheitsfirma anschloss ...

Dirk Friedriszik beendete seine langjährige Mitgliedschaft im Reservistenverband Mecklenburg-Vorpommern, der etwa 1100 Mitglieder zählt. Für ihn ist er zur Brutstätte militanter Netzwerke und zum Sammelbecken rechter Umstürzler geworden. Zur Begründung schrieb er resigniert, der Kampf gegen die Unterwanderung durch Neonazis sei verloren. Die Netzwerke von Rechtsextremisten »dehnen sich weiter aus«. Friedriszik folgte mit seinem Rückzug dem Beispiel der Landtagspräsidentin Sylvia Bretschneider (SPD), die bereits im Januar 2017 den Verband – unter anderem auch aus Protest gegen die Festplatten-Affäre – verlassen hatte. Auch Sozialministerin

Stefanie Drese (SPD), bislang »förderndes Mitglied«, und der SPD-Landtagsabgeordnete Rainer Albrecht kehrten den Reservisten aus eben diesem Grund den Rücken.

Roderich Kiesewetter, der 2016 als Präsident des Reservistenverbandes zurückgetreten war, hatte 2017 in einem Zeitungsinterview erklärt, der Verband habe sich aus seiner Sicht »von der Mitte der Gesellschaft wegbewegt«. Sein Nachfolger Oswin Veith hingegen sah das nicht so. »Wir können keine dezidierte Häufung rechtsextremistischer Fälle feststellen«, sagte er am 8. Februar 2018 der *Schweriner Volkszeitung*. Die 35 Ausschlüsse seit 2010 seien »überschaubar«.

Die Bundesanwaltschaft hatte, was die Überschaubarkeit betrifft, eine andere Auffassung. Sie nahm das rechte Treiben im Nordosten der Republik ins Visier.

Und das hing mit einem anderen Fall zusammen.

Anfang 2017 war der Berufssoldat Franco A. aus Offenbach festgenommen worden, als er aus einem Versteck am Wiener Flughafen eine Pistole holen wollte. Oberleutnant A. hatte sich eine zweite Identität als syrischer Flüchtling zugelegt und plante Anschläge auf Politiker, um auf diese Weise Stimmung gegen Ausländer und Flüchtlinge zu erzeugen. Zunächst hielt man ihn für einen nationalistischen Einzeltäter, bis insbesondere journalistische Recherchen deutlich machten, dass man auf ein weitläufiges rechtes Netzwerk gestoßen war, das bis in Bundeswehr und Sicherheitsbehörden reichte. Der Name des nördlichen Ablegers des Netzwerkes: »Nordkreuz«.

Die Bundesanwaltschaft wurde Ende Juni 2017 im Zuge ihrer Ermittlungen gegen A. und dessen mutmaßliche Unterstützer und Kontaktpersonen auch im mecklenburgischen Crivitz aktiv. Ins Visier geriet Handwerksmeister Axel M., ein vor Ort geachteter und unbescholtener Mann. Seit Jahren unterstützte er die CDU. 2009 bekam er 63 Stimmen für die Wahl zur Crivitzer Stadtvertretung. Im Bundestagswahlkampf 2017 half er der Schweriner CDU-Bundestagsabgeordneten Karin Strenz, die zum dritten Mal ins Berliner Parlament einziehen wollte. Als Handwerker bildete Axel M. aus, schaffte Arbeitsplätze, spendete Geld für Kitas und Schulen. Der Mann mit dem Dreitagebart galt als ruhig und unauffällig.

Am 28. August 2017 gegen vier Uhr morgens stürmte ein Sondereinsatzkommando (SEK) der Bundespolizei mit Blendgranaten und Spürhunden das Haus des Malermeisters in Crivitz. Die vermummten Beamten traten die Tür ein, durchsuchten Privat- und Geschäftsräume. Ähnliches geschah zeitgleich bei fünf anderen Personen in Mecklenburg-Vorpommern, mindestens zwei von ihnen standen im Verdacht, eine schwere staatsgefährdende Gewalttat vorzubereiten. Der eine war der Rostocker Rechtsanwalt und FDP-Bürgerschaftsabgeordnete Jan Hendrik H., der andere Kriminaloberkommissar Haik J. aus Grabow, der in jener Polizeiinspektion Ludwigslust arbeitete, in der auch ein Angehöriger der »Veritas-Connection« seinen Dienst versah. J., Mitglied der AfD, sollte seinen Dienstcomputer dazu benutzt haben, Meldedaten von politischen Gegnern illegal ausspioniert zu haben, lautete der Vorwurf.

Über die Durchsuchung in Crivitz sagte die Bundesanwaltschaft offiziell nichts. Axel M. galt »nur«

als Zeuge, als »nicht tatbeteiligter Dritter« – wie auch der langjährige LKA-Beamte Marko G. aus Banzkow, Mitglied der AfD, der Anfang 2016 die Gruppe »Nordkreuz« gegründete und als Administrator geführt haben soll, eine verschworene Truppe von etwa einem halben Hundert rechtsextremen Preppern, die sich auf den »Tag X« vorbereiteten, an dem der Staat zusammenbrechen und politische Gegner liquidiert werden sollten. Die Mitglieder der Gruppe kommunizierten vorzugsweise über den verschlüsselten Messenger-Dienst *Telegram*. Es war ein virtueller Austausch von Gleichgesinnten, die sich auf ihren künftigen Einsatz vorbereiteten. Wie meine Recherchen ergaben, sollten Hendrik H. und Haik J. bereits Löschkalk und Leichensäcke gekauft haben. Eine dem Bundesamt für Verfassungsschutz vorliegende Bestellliste belegte das eindeutig.

Wenige Monate nach der Razzia nahm ich zu Axel M. Kontakt auf. Er verstand nicht, warum er und »Nordkreuz« ins Visier von Polizei und Geheimdiensten geraten waren. Sie hätten sich nichts zuschulden kommen lassen, seien nur »besorgte Bürger«, die sich eine »eiserne Reserve« zugelegt hätten: Konserven, Seife, Klopapier, Notstromaggregate, vakuumverschweißte Zigaretten, hochprozentigen Alkohol. Und ja, auch Waffen und Munition. Klimawandel, Stromausfälle und muslimische Zuwanderung bedrohten schließlich die Welt. Er lese viel dazu. Er und seine Freunde wollten vorbereitet sein – englisch: prepared, daher Prepper – auf die nächste »Flüchtlingswelle«, einen möglichen Banken-Crash oder einen Krieg. Manche von ihnen hätten sich Bunker unter ihren Häusern angelegt, andere bunkerten nur Trockenobst und Wasser. Auch von Waffenlagern habe er gehört. Eines soll sich in Warin, auf halbem Weg zwischen Schwerin und Güstrow, in einer ehemaligen Stasi-Liegenschaft befinden.

Axel M. ließ auf Nachfrage den Namen Walter K. Eichelburg fallen.

Der Verschwörungstheoretiker aus Österreich sei so etwas wie der ideologische Übervater der Gruppe, sagte M. Vor allem Jan Hendrik H. und Haik J. würden Eichelburg verehren. Der war im Januar 2016 in Görlitz wegen Volksverhetzung und im Mai 2017 wegen Beleidigung des Bürgermeisters von Winsen an der Luhe zu einer Geldstrafe von 9000 Euro verurteilt worden. Aus Eichelburgs Schriften schimmert das krude Weltbild der »Nordkreuz«-Jünger hervor. Von »Kriegsvorbereitungen« ist die Rede, von »Muselrevolte« und »linksgrünversifften« Zuständen. Begriffe, die auch in der AfD kursieren. Der Aufstand der Muslime stehe unmittelbar bevor, ist bei Eichelburg zu lesen. Nach einem Freitagsgebet werde der Aufstand losbrechen. Die Städte seien verloren, aber vom Land aus könnten Bürgerwehren die »Rückeroberung« beginnen. »Es wird Blut fließen ohne Ende«, zitierte Eichelburg einen anonymen Bundeswehr-Soldaten. Muslime müsse man kreuzigen oder pfählen. »Man kann gleich noch einige rote und grüne Politiker und Bürokraten dazu mischen, damit alle sehen, dass sie auch zu den Feinden gehören und was mit ihnen passiert, wenn sie sich nicht freiwillig ergeben.«

Der Rostocker Anwalt Jan Hendrik H. schien die Passagen über Politiker und Bürokraten besonders gründlich studiert zu haben. Bei ihm fanden die Ermittler seitenweise Listen. Akribisch führte er Buch über vermeintliche Gegner. Mehr als fünftausend Namen wurden im Büro des Anwalts gefunden: öffentliche Funktionsträger, Journalisten und etwa hundert Politiker, die meisten von ihnen aus Mecklenburg-Vorpommern.

Doch anders als im Fall Franco A., auf den später noch ausführlich eingegangen werden soll, wurden keine eindeutig zu identifizierenden Todeslisten vorgefunden. Alle Quellen waren offen zugänglich. Kein Galgen, kein Datum, keine verräterische Randnotiz zierte die Namen.

Die öffentliche Wahrnehmung konzentrierte sich nach den Razzien auf den Anwalt, den Polizisten und den ehemaligen LKA-Beamten. Doch der Crivitzer Handwerksmeister spielte bei »Nordkreuz« eine nicht unerhebliche Rolle. Seine Werkstatt bot Platz für Treffen, wenn das Internet zu klein wurde. Dutzende Gleichgesinnte gehörten der Gruppe an. Manchmal brachten die »Nordkreuz«-Mitglieder ihre Frauen und Kinder mit nach Crivitz. Dann saßen mehr als hundert Menschen an langen Tapeziertischen.

Der Schwerpunkt der Gruppe lag in Mecklenburg-Vorpommern, nur ein Mitglied kam aus Brandenburg. Der harte Kern lebte und arbeitete in jenem Dreieck zwischen Schwerin, Hagenow und Ludwigslust, das der Landtagsabgeordnete Friedriszik dem Verfassungsschutz von Mecklenburg-Vorpommern bereits Jahre zuvor als besonders gefährdete Region beschrieben hatte.

Alle »Nordkreuz«-Brüder verband auch die Leidenschaft fürs Schießen. Als Jäger oder Sportschützen verfügten sie legal über Waffen. Zusammen gingen sie zu Schießübungen nach Güstrow. Auf der Schießbahn der Firma »Baltic Shooters«, die der Waffenhändler Frank T. nach wie vor auf dem Gelände des Schützenvereins *Privilegierte Schützengesellschaft zu Güstrow e. V.* nutzt, übten regelmäßig auch Spezialeinheiten von Polizei und Sicherheitsbehörden aus Deutschland, Österreich und der Schweiz – unter der Schirmherrschaft von Mecklenburg-Vorpommerns Innenminister Lorenz Caffier. Alternierend nutzten die Nordkreuzler mit der Arbeitsgemeinschaft Schießsport des Reservistenverbandes auch die Polizeischießbahn in Plate bei Schwerin.

Marko G., der LKA-Beamte aus Banzkow, war in Güstrow für 450 Euro im Monat beschäftigt und unterrichtete dort »Sachkunde Waffe«, wie Friedriszik von Schießplatzbetreiber Frank T. erfuhr. Jörg S. vom Reservistenverband beaufsichtigte zeitweise Schießübungen.

Bis 2017 gehörte auch Frank T. »Nordkreuz« an.

Nach Aussage von Malermeister Axel M. sei das alles »nur so zum Spaß«. Viele von ihnen seien ja bei der Polizei, sagte Axel M. Schließlich fahre man auch in den »Paint-Park« Wöbbelin und schieße mit Farbkugeln.

Bis auf Anwalt H., der fälschlich vorgab, Kampfschwimmer der DDR-Volksmarine gewesen zu sein, dienten alle in der Gruppe beim Bund. Fünf von sechs »Nordkreuz«-Mitgliedern, die die Bundesanwaltschaft im Auge hatte, gehörten dem Reservistenverband an. Ihre Kameradschaft ist die des Fliegerhorsts Laage unweit von Rostock. Mit dabei Horst S. und Jörg S. – sie werden später erfolgreich gegen ihren Rauswurf klagen. Als einer der wenigen musste David Petereit, Hauptgefreiter der Reserve und Mitglied der Reservistenkameradschaft Rostock, den Verband verlassen. Der NPD-Landtagsabgeordnete war wegen seiner Danksagung an den NSU im Fanzine *Der Weiße Wolf* – wir erinnern uns – nicht zu halten.

In höchsten Sicherheitskreisen hieß es: »Am Ende laufen bei ›Nordkreuz‹ alle Fäden bei der Bundeswehr oder im Reservistenverband zusammen.«

Beim Schießen dabei war auch jener Horst S., ein Major mit vielen Handy-Kontakten, dessen Haus in Krakow am See am 28. August 2017 ebenfalls durchsucht worden war. Seit Juni 2017 kündigte sich dies an – seit April war er Chef einer Kompanie der *Regionalen Sicherungs- und Unterstützungskräfte* (RSU) mit etwa hundert Reservisten des Heimatschutzes der Bundeswehr in Mecklenburg-Vorpommern. Sein Großvater hatte bis zum 8. Mai 1945 der SS-Panzerdivision »Wiking« angehört. Während eines Treffens sagte mir Horst S. im September 2017, sein Großvater sei ein überzeugter Soldat, aber kein Nazi gewesen.

Seit Oktober 2017 war Horst S. nicht mehr Kompaniechef beim RSU.

Er war von seinem General Gerd Kropf, von Vertretern des MAD und des Verfassungsschutzes am 21. Juni vorgeladen worden, Mitte August sprach auch das BKA mit ihm. Vorsichtshalber hatte er bereits sein Smartphone mit einem Schraubstock zerstört. Die Vernehmungen und das auffällige Verhalten des Reserveoffiziers waren der Grund, weshalb seine Reservisteneinheit nicht – wie ursprünglich geplant – Anfang Juli zum Absichern des G20-Gipfels in Hamburg eingesetzt wurde. Der General hatte ihm beim Gespräch im Landeskommando in Schwerin auch verboten, weiter Uniform zu tragen. Im Nachbarraum warteten da schon die Mitarbeiter des MAD und des Verfassungsschutzes.

Die »Nordkreuz«-Jünger bezeichneten sich selbst als Waffennarren. Begeistert tauschten sie nach Aussage von Axel M. ihre Gewehre untereinander. Major Horst S. bewunderte die Ordonanzwaffen des Rostocker Anwalts, historische halbautomatische Karabiner, Kaliber 7,62. Man verstand sich. »Wir haben alle eine gesunde konservative Einstellung«, sagte mir Horst S. im September 2017 auf einem Parkplatz im brandenburgischen Groß Kreuz. Der Ex-Offizier gab sich leger, trug über dem leichten Bauchansatz Jeans und Sweatshirt. Sein VW-Golf war unaufgeräumt. S. entschuldigte sich. Er sei auf dem Weg nach Thüringen, müsse dort noch etwas geschäftlich erledigen.

Dann erzählte er mir: »Zusammen gehen wir regelmäßig schießen auf der Schießsportanlage Schwerin-Hagenow – alles völlig legal. Natürlich unter dem Dach des Reservistenverbandes.«

Der Major bestritt jeden Kontakt zu Franco A. Wenn überhaupt, dann sei er eher unfreiwillig über seine Handy-Kontakte zum Bindeglied zwischen der Prepper-Gruppe im ländlichen Nordosten und der Gruppe um den terrorverdächtigen Oberleutnant Franco A. aus dem Süden der Republik geworden.

Die Bundesanwaltschaft sieht das offensichtlich anders. Die oberste deutsche Anklagebehörde führt die Ermittlungen im Fall des Bundeswehroffiziers

Franco A. und den um Horst S. und »Nordkreuz« unter einem gemeinsamen Aktenzeichen.

Zum besseren Verständnis muss man wissen, dass Verteidigungsministerin Ursula von der Leyen (und seit Juli 2019 auch ihre Nachfolgerin Annegret Kramp-Karrenbauer) in der Truppe nach rechtsextremistischen Umtrieben fahnden ließ. Dabei war auch Major Horst S. ins Visier des MAD geraten. Beim Rapport in Schwerin offenbarte er Brigadegeneral Gerd Kropf unter anderem, über das rechtsextremistische Thule-Seminar (mit dem auch NSU-Helfer Tino Brandt in Verbindung stand) Bücher über die Waffen-SS erworben zu haben – angeblich um mehr über seinen Großvater zu erfahren. MAD und Verfassungsschutz weiteten danach ihre Ermittlungen aus und waren dabei auf den Prepper-Chat gestoßen, der zu jener Razzia am 28. August geführt hatte.

Am 4. September 2017 fiel im Parlamentarischen Kontrollgremium des Bundestages, das die deutschen Geheimdienste kontrolliert, erstmals der Name von Major Horst S.

Angeblich kannten sich Horst S. und Thomas K. nicht, wollten sich folglich auch nie getroffen haben. Obgleich sie die Leidenschaft für SS-Devotionalien teilten, Reservisten der Bundeswehr in Mecklenburg-Vorpommern waren, legal Zugang zu scharfer Munition hatten. Und beide die Namen ihrer Frauen annahmen. Aus Horst P. war Horst S. geworden, aus Thomas W. Thomas K. Und beide lebten in der gleichen Region. So viele Zufälle ...

Die Razzia im August 2017 sollte nicht die einzige gegen »Nordkreuzler« bleiben.

»Es gibt Hinweise auf Waffendepots«, sagte Oberstaatsanwältin Cornelia Zacharias von der Bundesanwaltschaft Ende 2018 in einer vertraulichen Sitzung des Innenausschusses des Bundestages. Hinweise. Wo aber waren die Beweise?

Am Morgen des 12. Juni 2019 rückten Beamte des Landeskriminalamtes Mecklenburg-Vorpommern aus. Schwer bewaffnet und in schusssicheren Westen. Das Ziel: das Haus ihres Kollegen Marko G. in Banzkow, SEK-Beamter und Administrator des rechten Prepper-Netzwerkes »Nordkreuz«. Bislang war der Endvierziger nur Zeuge, weil er an Übungen auf dem Schießstand in Güstrow teilgenommen und »Nordkreuz«-Chats geleitet hatte. Im Garten hinter dem Gebäude und im Haus schlugen die Spürhunde an. In einer blauen Plastiktonne in der Diele fanden die Beamten 1400 Schuss Munition, eine Maschinenpistole vom Typ Uzi und einen Schalldämpfer. Später trug ein Bagger den Rasen ab. Insgesamt sicherten die Polizisten auf dem Grundstück von Marko G. mehr als 30 000 Schuss Munition sowie Sprengmittel. Er und drei weitere mutmaßliche Komplizen kamen in Untersuchungshaft. Aus dem Zeugen war ein Belasteter geworden.

Das Bundeskriminalamt prüfte die Herkunft von Patronen und Schnellfeuerpistole und stellte fest: Die meiste Munition stammte aus Polizei-Beständen, vermutlich abgezweigt bei Schießübungen in Güstrow auf dem von Frank T. – Mitglied von »Nordkreuz« – betriebenen Schießstand. Die israelische Uzi war 1993 bei der Bundeswehr verschwunden.

Der Fund von Banzkow war für die Ermittler ein Indiz für die Annahme, es mit einem rechten Terrornetzwerk in Bundeswehr, Reservistenverband und Polizei zu tun zu haben. Schon lange wurde nach vermuteten Munitionsverstecken gesucht – nun endlich hatte man ein Depot gefunden: im Garten von Marko G., bis 2016 beim Spezialeinsatzkommando des Landeskriminalamtes (LKA), seither bei der Wasserschutzpolizei in Rostock. Wie sich zeigte, waren mindestens seit 2012 Munition aus Beständen des LKA, der Bundeswehr und bei Schießübungen abgezweigt und vergraben worden. Marko G. bestritt hartnäckig den Vorwurf, sich mit »Nordkreuz« auf einen »Tag X« aktiv vorbereitet zu haben. Es sei lediglich sein Hobby, eine Art Spiel, sich solche Vorräte anzulegen. Er habe nie beabsichtigt, Waffen und Munition an Dritte weiterzugeben.

Auch Monate später fanden sich noch Spuren der Hausdurchsuchung. Nur spärlich wuchs Gras über dem ausgehobenen Munitionsdepot im Garten. Bis zum Tag seiner Festnahme lebte Marko G. mit der Familie hier in diesem roten Backsteinhaus an der Straße der Befreiung. Nachbarn beschrieben ihn als unauffällig. Im Garten stand ein grünes Bobby-Car. Wäsche flatterte im Wind. »Gott segne unsere Truppen ... besonders unsere Scharfschützen«, stand auf Englisch am Heck eines Wohnwagens, der nur wenige Meter vom Munitionsdepot entfernt auf einer grau gepflasterten Stellfläche parkte. Marko G. diente als Fernspäher bei der Bundeswehr, danach als Präzisionsschütze im Sondereinsatzkommando des Landeskriminalamtes von Mecklenburg-Vorpommern. Fernspäher sind Elitesoldaten – geübt in Nahkampf, Sabotage und Fallschirmspringen.

Der Neonazi Steffen Hupka aus Hannover, der zu Beginn der neunziger Jahre seine Aktivitäten nach Sachsen-Anhalt verlegte, war in der NPD-Führung für Schulungen zuständig, empfahl seinen Gesinnungsgenossen eine Ausbildung bei Bundeswehr oder Polizei in Erwägung zu ziehen mit dem Ziel, sich in besonders qualifizierten Spezialeinheiten das nötige Wissen und Können anzueignen. Zwar schloss die NPD Hupka irgendwann aus, nicht aber seine Strategie. »Nordkreuz«, alles deutet darauf hin, setzte sie konsequent um: Marko G., Horst S., Jörg S. und Haik J. – vier ehemalige Soldaten und Polizisten mit Qualifikation, die – »zum Spaß« – Waffen, Munition und Vorräte bunkern ...

Die Bundesanwaltschaft gewann den Major d. R. Horst S. als Kronzeugen. Dem BKA sagte er, dass »Nordkreuz« mit ähnlichen Gruppen – »Südkreuz«, »Westkreuz« und »Ostkreuz« – in Verbindung stehe. Man chatte miteinander.

Wozu? Warum? Mit welcher Absicht?

Im Verfahren, das gegen Marko G. im November 2019 vorm Schweriner Landgericht geführt wurde, räumte dieser ein, Administrator der Chatgruppen »Nordkreuz«, »Nordcom« und »Vier gewinnt« gewesen zu sein. Die seien keineswegs politisch ausgerichtet gewesen. Vielmehr sei es um private Vorbereitungen auf einen möglichen Katastrophenfall gegangen.

Was für eine »Katastrophe« könnte wohl gemeint sein? Naturkatastrophen ganz gewiss nicht. Hochwasser oder Waldbrände, Pandemien und dergleichen kann man schlecht mit Schusswaffen bekämpfen. Im

Verfahren kam auch zur Sprache, dass Marko G. bei einem »privaten« Schießwettbewerb von Kameraden als Sieger eine Trophäe gewonnen hatte, die einen Mann mit Gewehr im Anschlag zeigte. Darauf stand: Mehmet-Turgut-Pokal.

Turgut war 2004 vom NSU in Rostock ermordet worden.

4. Kapitel

DOGL

Am Abend des 28. November 2019 – seit einer Woche lief in Schwerin das Verfahren gegen den Polizeibeamten Marko G. – stürmten Fahnder des Landeskriminalamtes ein Haus in Rostock. Dort wohnte Sven J., dessen Name und Nummer sich auf dem Handy von Marko G. befunden hatte. Kollege Sven J. war Beamter der Wasserschutzpolizei. Beide chatteten miteinander. Die Textnachrichten, die sich beide schickten, besaßen einen strafrechtlich relevanten Inhalt, weshalb im Innenministerium »Zweifel an der Verfassungstreue« von Sven J. keimten. So geht es jedenfalls aus einem Landtagsprotokoll des Innenausschusses hervor. Deshalb führte das Schweriner Innenministerium ein Disziplinarverfahren gegen ihn.

Bemerkenswert an dieser November-Aktion war allenfalls die Tatsache, dass sie erst jetzt erfolgte – zwei Jahre nach dem Ausheben von »Nordkreuz«. Im Innenausschuss des Landtages erklärte Innenstaatssekretär Thomas Lenz (CDU), Sven J.s rechte Gesinnung sei den Behörden leider zu spät aufgefallen. Die Ermittlungen hätten sich damals auf das Sondereinsatzkommando SEK, Marko G. und andere konzentriert – fand später eine Expertenkommission im Auftrag des Innenministeriums heraus. Nicht wenige dort tätige Polizisten seien konspirativ in rechten Zirkeln unterwegs gewesen. Für das kleine Wasserschutzpolizeiamt mit seinen gut dreihundert Beschäftigten interessierte sich diesbezüglich niemand. Folglich auch nicht für Sven J., einen Vorzeigepolizisten.

Erst an jenem Donnerstag im November 2019 durchsuchten Beamte seine Wohnung. Neun Mal hatte Sven J. an Missionen im Ausland teilgenommen. 2010 gehörte er zum deutsch-afghanischen Polizeiausbildungsprojekt GPPT in Masar-e Scharif. Dort fielen er und einige in seiner Umgebung wegen rechter Gesinnung auf, wurde später publik; in der Kommandozentrale »Green Village« habe man ein »anderes Verständnis von Kameradschaft« und Sympathien für die Nazizeit gezeigt. Auf Afghanistan folgte die Frontex-Mission im Mittelmeer zur »Verhinderung der illegalen Migration und Unterstützung der griechischen Behörden bei der Überwachung der Seegrenzen und der Feststellung von Schleusern«. Deutsche Polizisten waren an der griechisch-türkischen Seegrenze unterwegs, um kriminellen Schleusern das Handwerk zu legen und Flüchtlinge aus Seenot zu retten. Hieß es. Seit Anfang 2018 wurden für die Mission auch Beamte der Wasserschutzpolizei aus Mecklenburg-Vorpommern eingesetzt. Sven J. war als einer der ersten Polizisten aus dem Nordosten Deutschlands für vier Wochen zur griechischen Insel Samos entsandt worden. Darüber berichtete auch das Polizei-Journal des Schweriner Innenministeriums. Samos geriet in die Schlagzeilen, weil deutsche Grenzbeamte wiederholt an illegalen Zurückweisungen von Flüchtlingen, sogenannten Pushbacks, beteiligt waren. Zeugen berichteten beispielsweise, dass das deutsche Streifenboot BP 62 »Uckermark« aus Mecklenburg-Vorpommern am 10. August 2020 ein mit vierzig Menschen besetztes Flüchtlingsboot so lange an der Weiterfahrt gehindert habe, bis die griechische Küstenwache kam und das Boot zurück in türkische Gewässer schleppte, was gegen internationales Seerecht verstieß. Sven J. fuhr in seiner Zeit auf Samos auf eben diesem Streifenboot. Ob er an illegalen Pushbacks beteiligt war, ist unbekannt. Was nicht bedeutet, es zwingend ausschließen zu können.

Bei der Durchsuchung von J.s Wohnung in Rostock fanden die Beamten Waffen und Munition, die unter das Kriegswaffenkontrollgesetz fielen, und zahlreiche Devotionalien aus der Nazi-Zeit. Und plötzlich trat ein Mann auf den Plan, also erschien physisch auf dem Schauplatz, den die Beamten seit den Ermittlungen gegen »Nordkreuz« kannten: Oberfeldwebel d. R. Jörg S. vom Reservistenverband und Ex-Zeitsoldat in der Luftwaffensicherungsstaffel Rostock-Laage. Und enger Vertrauter der unter Terrorverdacht stehenden »Nordkreuz«-Hardliner Haik J. und Jan-Hendrik H., Sympathisant des rechtsextremen Thule-Seminars, Versicherungsmakler, Goldhändler, AfD-Mitglied, Querdenker und noch einiges mehr.

Wie hat er von der polizeilichen Wohnungsdurchsuchung erfahren?

An einen Zufallsbesuch mochte niemand glauben. Die Information über den Polizei-Einsatz konnte nur aus dem Landeskriminalamt gekommen sein. Der Bundeswehrreservist Jörg S. verfügte ohne Zweifel über viele aktive Verbindungen. Hatte er vielleicht von dort ein Signal bekommen, um Kamerad Sven J. zu warnen?

Als Beisitzer der Prüfungskommission auf dem Schießplatz Großer Bockhorst in Güstrow traf Jörg S. dort regelmäßig auf Beamte aus dem LKA. Nicht nur auf den als Schießtrainer tätigen »Nordkreuz«-Kameraden Marko G., der einige Jahre im Landeskriminalamt als Präzisionsschütze im Sondereinsatzkommando SEK tätig war. Und nebenbei: Jörg S., Jahrgang 1968, hat seine Wehrpflicht beim MfS-Wachregiment »Feliks Dzierzynski« in Berlin-Adlershof abgeleistet. In den in der Wendezeit veröffentlichten Gehaltslisten wurde er mit einem Jahreseinkommen von 10 775 Mark geführt, also mit weniger als neunhundert Mark im Monat – ein kleiner Soldat, mehr scheint er dort nicht gewesen zu sein. Anders die Eltern von Horst S., die beide hauptamtlich beim MfS beschäftigt waren. Und auch Thomas K.'s Vater war in Neubrandenburg beim Nachrichtendienst der DDR tätig ... Es heißt, im LKA Mecklenburg-Vorpommerns seien etliche Personen mit ähnlicher Vergangenheit beschäftigt. Man schaute seinerzeit beim Personal durch die Finger, wie man es in der jungen Bundesrepublik auch tat. Da wie dort galt der Grundsatz: einmal Dienst, immer Dienst. Gab es heutige Verbindungen, die auf dieser Herkunft gründeten? Oder waren das vornehmlich westdeutsche Vorurteile oder Unterstellungen?

Dass die Ermittler einem rechtsextremen Netzwerk nachspürten, das tief in den Sicherheitsapparat des Landes reichte, hätten sie an jenem Donnerstagabend im November 2019 eigentlich längst wissen können, ja müssen. Denn schon im September 2018 war ein anderer Beamter der Landespolizei wegen mutmaßlich rechtsextremer Umtriebe aufgefallen – Tobias H. aus Wismar, der sich in sozialen Netzwerken »Master Dogl« nannte. Er hatte sich mehrerer Dienstvergehen schuldig gemacht. Auf *Instagram* postete er das Foto einer Glock-Pistole mit dem Uniformpatch eines Vereins, den das Bundesamt für Verfassungsschutz im März 2020 als rechtsextremen Verdachtsfall einstufen sollte. Der 2016 von ehemaligen und aktiven Soldaten und Polizisten in Stuttgart gegründete »Uniter e. V.« (lat. »in eins verbunden«) gibt sich unpolitisch und überparteilich, selbstlos und gemeinnützig. Ein Vorläuferverein war auseinandergeflogen, als ein Mitbegründer als vormaliger Mitarbeiter des MfS geoutet worden war. Tatsächlich engagiert man sich für die bundesweite Vernetzung von Gruppen und Personen, die sich auf einen »Tag X« vorbereiten und auf den Zusammenbruch der staatlichen Ordnung hinarbeiten: Soldaten, Reservisten, Kriminalpolizisten, SEK-Beamte, Anwälte, Feuerwehrleute und andere. In ihren Chats besprachen sie auch, wie als Gegner eingestufte Politiker, Aktivisten und Personen festgesetzt und liquidiert werden könnten. (Zur Chatgruppe Süd gehörte übrigens Franco A.)

An einem Abend im November 2020 traf sich der Schweriner SPD-Landtagsabgeordnete Dirk Friedriszik auf einem Parkplatz irgendwo in Mecklenburg mit einem »Uniter«-Aussteiger. Der Mann war auffällig nervös und vergewisserte sich, dass sie nicht verfolgt worden sind. Erst nachdem beide Wagen gründlich nach Wanzen und Ortungssendern abgesucht worden waren, begann er beim Spaziergang zu erzählen. Er sei, berichtete der Arzt, von einem Beamten des Polizeihauptreviers Wismar für den Verein geworben worden und habe zwischen 2017 und 2018 in führender Position für die medizinische Sektion von »Uniter Deutschland« gearbeitet. Daher kenne er auch »Master Dogl«. Allerdings habe er bald gemerkt, dass »Uniter« nicht so harmlos sei, wie der Verein von sich behauptet – »Uniter« agitierte gegen die freiheitlich-demokratische Grundordnung, plante staatsgefährdende Straftaten und arbeitete überdies auch für den philippinischen Diktator Rodrigo Duterte. Daraufhin habe er dem Verein den Rücken gekehrt und im September 2018 sich dem Landesamt für Verfassungsschutz in Schwerin offenbart. Mehrere Male habe er sich mit Mitarbeitern getroffen und ihnen Informationen über »Uniter« übergeben, darunter Organigramme, Klarnamen, Adressen, Telefonnummern und interne Korrespondenzen. Friedriszik hatte er bereits vor diesem Treffen in einer Anwaltskanzlei ebenfalls einen Datenträger ausgehändigt, einen mit olivgrünem Gummi überzogenen USB-Stick in Form der Star-Wars-Figur Yoda. Darauf waren jene Informationen, die auch den Verfassungsschützern von Mecklenburg-Vorpommern vorlagen, erklärte er.

»Dogl«, sagte der Aussteiger, sei eine zentrale Figur der rechten Szene Mecklenburg-Vorpommerns. Er spiele dort eine »essenzielle«, also eine ganz wesentliche Rolle. Wie der Rostocker Wasserschutzpolizist Sven J. sei »Dogl« Bindeglied zwischen »Uniter« und »Nordkreuz«. Die verharmlosend als Prepper bezeichnete Truppe um Marko G. sei in Wahrheit der bewaffnete Arm von »Uniter« in Norddeutschland und »Dogl« ein guter Freund des Ex-Nordkreuzlers Frank T. Auf dessen Anlage in Güstrow schieße »Dogl« regelmäßig mit »Nordkreuz«-Anführer Marko G.

Der Landespolizist Tobias H., genannt »Master Dogl«, unterhalte auch Kontakte zu Thorsten Heise, so der Aussteiger gegenüber Friedriszik. Der gebürtige Göttinger Heise, 2017/18 Landesvorsitzender der NPD in Thüringen, sei ein führender Aktivist der militanten Rechten und gehöre zu den führenden Köpfen von »Combat 18«. Der deutsche Ableger dieser internationalen Neonazi-Organisation (die Ziffern 1 und 8 stehen für A und H, die Initialen Adolf Hitlers) war Anfang des Jahres 2020 vom Bundesinnenminister verboten worden. Unter anderem wurde ihm eine Verbindung zum NSU nachgesagt. Auch der Mörder des Kasseler Regierungspräsidenten Walter Lübcke, Stephan Ernst, zählt zu seinem Dunstkreis. Lübcke war im Juni 2019 vor seinem Haus hingerichtet worden.

Thüringens Ex-NPD-Chef Thorsten Heise und der Thüringer AfD-Chef Björn Höcke kennen sich seit etwa 2008, ihre Wohnungen liegen nur sechs Kilometer voneinander entfernt. 2018 beeideten zwei Anwohner, dass Heise wiederholt Höcke zu Hause besucht und ihm beim Umzug geholfen habe, ihre Kinder besuchten die gleiche Schule. »Schon lange bevor Höcke zur Galionsfigur der völkischen AfD-Fraktion aufstieg, freundete er sich offenbar mit dem stellvertretenden NPD-Bundesvorsitzenden Thorsten Heise an, einem wegen Gewaltdelikten vorbestraften Neonazi«, berichtete *Die Zeit* im September 2018.

Gemeinsam mit Sven J. und Marko G. bildete Tobias H. alias »Dogl« das rechtsextreme Trio innerhalb der Landespolizei von Mecklenburg-Vorpommern. »Dogl« nutze dienstliche und private Beziehungen, so der Aussteiger gegenüber Friedriszik, um für »Uniter« zu werben; selbst seine frühere Lebensgefährtin, eine Lehrerin aus Rostock, habe er gedrängt, Schulkinder für die Sektion »Uniter Kids« zu gewinnen. Als Beamtin war sie allerdings qua Amtseid verpflichtet, die Demokratie zu verteidigen statt sie zu untergraben.

Was jedoch nicht nur den Abgeordneten Friedriszik verstörte: Offenkundig unternahm das Landesamt für Verfassungsschutz nach Übergabe der brisanten Informationen des »Uniter«-Aussteigers im Herbst 2018 nichts. Die Aufsichtsbehörde des LfV, das Innenministerium des Landes Mecklenburg-Vorpommern, setzte augenscheinlich den Schweriner Landtag nicht in Kenntnis, dass es solche Hinweise gebe und man ihnen nachgehen wolle. Im Gegenteil: Tobias H. qualifizierte sich und stieg die Dienstleiter bei der Landespolizei hinauf. Innenminister Lorenz Caffier persönlich überreichte ihm die Urkunde.

Dabei hätten den Vorgesetzten von H. alias »Dogl« auch ohne die dem LfV zugespielten belastenden Fakten auffallen können oder sogar müssen, dass der Polizist sich auf Feldern engagierte, die sich eigentlich schlecht mit den Rechtsgrundsätzen der Demokratie vereinbaren ließen. So bot er als passionierter Kampfsporttrainer auch Selbstverteidigungskurse an, sogenannte *Special Forces Trainings*. Dabei vermittelte Tobias H. auch Techniken der *SpezNas*, einer Spezialeinheit des russischen Militärgeheimdienstes GRU mit den Einsatzschwerpunkten Aufklärung, asymmetrische Kriegführung und Terrorismusbekämpfung. Sie wird gelegentlich auch als »Putins Geisterarmee« etikettiert. »Dogl« erfuhr bei seinen Kursen Unterstützung von einem Victor D., dem nachgesagt wird, für den russischen Dienst zu arbeiten oder gearbeitet zu haben. »Dogl« und Victor D. besuchten gemeinsam mit einem befreundeten Leutnant der Bundeswehr im Rahmen eines Tai-Do-Jitsu-Seminars 2019 die Helmut-Schmidt-Universität in Hamburg. An der Ausbildungsakademie der Bundeswehr versuchten sie Mitglieder für »Uniter« zu rekrutieren, wie Screenshots von Fotos und Videos belegten.

»Nordkreuz« und »Uniter« gehörten zweifellos zusammen, waren Glieder desselben Körpers, personell eng miteinander verflochten. Sie verfolgten ähnliche Ziele und infiltrierten nachweislich deutsche Sicherheitsorgane, Ausbildungsstätten, Vereine und Behörden. In *Telegram*-Chats wurden diverse Pläne und Überlegungen ausgetauscht, das rechte Netzwerk spannte sich über ganz Deutschland und übersprang inzwischen auch Staatsgrenzen. 2018 posierte »Master Dogl« mit Volker M., einem führenden »Uniter«-Funktionär aus der Schweiz, auf der Nürnberger Waffenmesse, den IWA Outdoor Classics. Auch »Nordkreuz«-Chef Marko G. und Bundeswehr-Oberleutnant Franco A. wurden dort gesehen. »Dogl« und M. hielten demonstrativ ihre »Uniter«-Ringe in die Kamera.

Der »Uniter«-Aussteiger gewährte Dirk Friedriszik Einblicke in die Struktur des Vereins und dessen Auslandsverbindungen. Es gab Kontakte zu Personenschützern der *Crusaders South Africa*, einer Elitetruppe der südafrikanischen Armee, zu Ingenieuren, Technikern, Ärzten, Psychologen, Bestattungsunternehmern und sogar zu einem Labor für ABC-Waffen in Namibia. Bei »Uniter«-Trainings in Südafrika und Namibia schoss Thorsten Heise von »Combat 18« mit ... In der Schweiz unweit von Luzern soll »Uniter« ein Waffenlager für militärisches Großgerät unterhalten ... Die *Uniter Lawyers Group* vereinte international tätige Rechtsanwälte ...

Aus Furcht, die vielen Aktivitäten und Verflechtungen von »Uniter« könnten das Netzwerk gefährden, wies ein gewisser Daniel S. in einem verschlüsselten Chat die Teilnehmer an, »keine Social Media Postings zu verbreiten, in denen ihr Uniter Logos in Verbindung mit Waffen oder martialischen Darstellungen bringt«. Dies gelte »selbstverständlich auch für Embleme der *Lazarus Union*« – einer Nichtregierungsorganisation – und des *Corps Saint Lazarus International* (CSLI-Special Force). In einer anderen Mitteilung hieß es, man solle künftig nicht mehr von »Lügenpresse« in den Posts schreiben, sondern lieber von »Medien« sprechen. Die Sprachregelung gründete vermutlich auf der Tatsache, dass in verschiedenen Veröffentlichungen daran erinnert wurde, dass der Begriff »Lügenpresse« – 2014 in Deutschland zum »Unwort des Jahres« gewählt – vornehmlich in der Goebbelschen Propaganda verwandt worden war. Zu dieser wollte man wohl lieber keine Verbindung entdecken lassen.

»Uniter« gehörte der *Lazarus Union* an, einem Pseudo-Ritterorden, der den führenden »Uniter«-Mann André S. alias »Hannibal« am 30. August 2017 zum »Ritter« ernannt hatte. Der ehemalige KSK-Soldat

André S. war Jahrgang 1985 und stammte aus Halle, auch er ein Administrator von rechten Netzwerken. Bei einer Hausdurchsuchung 2017 hatte man bei ihm Patronen, Nebel- und Signalgranaten sowie Zünder von Handgranaten sichergestellt, was juristisch als »Verstoß gegen das Waffen- und Sprengstoffgesetz« geahndet wurde. Der Orden saß auf der Burg Kreuzenstein bei Wien, und dem Akt wohnten österreichische ÖVP-Politiker bei. »Hannibal« war laut Vereinsregister Vizepräsident der *Lazarus Union*. Ein Video zeigte, wie er 2018 – im Beisein des österreichischen Ex-Verteidigungsministers Werner Fasslabend – die Theresianische Militärakademie in der Wiener Neustadt besuchte.

André S., in der KSK-Kaserne in Calw stationiert, war vor der Hausdurchsuchung gewarnt worden. Aus der Kaserne. Daraufhin hatte er seinen Laptop beiseitegeschafft. Seinem Führungsoffizier beim MAD – André S. wurde vom Militärischen Abschirmdienst als »Auskunftsperson« geführt – konnte nicht nachgewiesen werden, dass er seinen IM gewarnt hatte.

Die *Lazarus Union* hatte Freunde selbst auf der gegenüberliegenden Seite der Erde. Brenton Tarrant – jener australische Terrorist, der in Christchurch/Neuseeland im März 2019 bei Anschlägen auf zwei Moscheen mehr als ein halbes Hundert Menschen ermordete – besuchte im Jahr zuvor auch Österreich, spendete dort für die »Identitäre Bewegung« und bekannte sich nach dem von ihm in Neuseeland verübten Massaker zur *Lazarus Union*.

Deren Vizepräsident André S., wir erinnern uns, war ein Elitesoldat der Bundeswehr.

»Dogl« schien sich nicht an die Warnung vor der Verbreitung »martialischer Darstellungen« im Internet zu halten, wozu er von Daniel S. aufgefordert worden war. Er nahm an einem Aufnahmeritual am Fuße der Drachenfelsburg unweit von Bonn teil: Im Schein brennender Fackeln wurde den Anwesenden nach Sonnenuntergang Blut aus Schädeln gereicht ...

All das erfuhr Friedriszik im November 2020 detailliert von jenem Uniter-Aussteiger, dem Arzt, auf freiem Feld, nachdem er im Sommer zuvor bereits erste Informationen in einer Anwaltskanzlei von ihm erhalten hatte. Und der Parlamentarier ist entsetzt, dass die Sicherheitsbehörden in Mecklenburg-Vorpommern diesen Hinweisen offenkundig nicht nachgegangen waren. Er zeigte sich »mehr als verwundert darüber, dass gewählte Parlamentarier nicht informiert worden sind. Ich habe nachgefragt, aber uns sind keine Informationen zugekommen« Und weiter: »Offensichtlich weiß der Verfassungsschutz viel, aber es passiert nichts. Es reicht nicht, Informationen zu sammeln.« Man müsse sie auch verwenden und die Feinde der Demokratie aktiv bekämpfen.

Eine Sprecherin des Innenministeriums Mecklenburg-Vorpommern teilte auf eine entsprechende journalistische Anfrage blumig mit: »Sie können davon ausgehen, dass den parlamentarischen Unterrichtungsverpflichtungen nachgekommen wird.« Zu operativen Angelegenheiten des Verfassungsschutzes werde aber grundsätzlich keine Auskunft erteilt.

Erst als sich die Hinweise auf eine schleichende Unterwanderung des Rechtsstaats häuften und die Nachfragen bohrender wurden, leitete das Ministerium ein

Disziplinarverfahren gegen den Polizisten Tobias H. alias »Dogl« ein, einen deutschen Beamten mit besten Beziehungen zur Polizeiführung, zur »Lazarus Union«, zu »Uniter« und zu »Nordkreuz« sowie mit vermuteten Kontakten zum russischen Geheimdienst über Victor D. Kurz: gegen einen Bürger aus der Mitte der Gesellschaft, der als Schlüsselfigur der Neuen Rechten im Hintergrund die Fäden zog.

5. Kapitel

BREITSCHEIDPLATZ 2016

Jedes Detail ist zu erkennen, jeder Winkel, jede Bordsteinkante. Fast wirkt es so, als sei eine Drohne über den Platz geflogen und habe Video-Aufnahmen gemacht. Der technisch anspruchsvolle 3D-Scan liefert Aussagen über den Schauplatz des bislang folgenschwersten Terroranschlags auf deutschem Boden. Den Scan hergestellt hatte das Unternehmen *Faro Technologies* aus Korntal-Münchingen, wenige Kilometer nordwestlich der baden-württembergischen Landeshauptstadt Stuttgart gelegen. Interessant an der Darstellung war weniger der Umstand, dass es diese gab, sondern wer an der Herstellung des 3D-Modells beteiligt war. Nämlich Marco D'Arcangelo, Unternehmensentwickler bei *Faro* – und Distriktleiter Deutschland von »Uniter«. (Das war er bis mindestens November 2019.)

D'Arcangelo war gut zwei Jahre lang eine führende, prägende Person in dem Verein, heißt es. Und noch einmal zur Erinnerung: »Uniter« stand in Verdacht, Teil des rechtsextremen Netzwerkes zu sein, dem auch Bundeswehroffizier Franco A. angehört haben soll. »Hannibal« war der Online-Benutzername des ehemaligen Bundeswehroffiziers André S., Mitbegründer von »Uniter«. Seit etwa Herbst 2015 richtete »Hannibal« als Administrator Chats ein und koordinierte sie, daher sprachen die Ermittlungsbehörden vom »Hannibal-Netzwerk«. André S. alias »Hannibal« gehörte einst dem Kommando Spezialkräfte (KSK) im baden-württembergischen Calw an. Insider berichteten von einem harten Kern mit bis zu hundert Mitgliedern. Sie trafen sich zu Schießübungen und legten Waffenlager für den »Tag X« an. Der angeklagte Marko G. sagte im November 2019 vor dem Schweriner Landgericht aus, das Netzwerk habe zweitausend Mann unter Waffen.

Experten hielten »Uniter« für eine Art Schattenarmee, die die staatliche Ordnung untergraben und »das System« stürzen wollte. Auch deshalb sprach das Finanzamt Stuttgart dem Verein im Herbst 2019 die Gemeinnützigkeit ab. Kurze Zeit später verlegte »Uniter« seine Zentrale von Deutschland in die Schweiz, man zog von Stuttgart nach Rotkreuz, gelegen zwischen Zug und Luzern.

In der Schweizer Gemeinde Beringen bei Schaffhausen, unweit zur deutschen Grenze und keine hundert Kilometer von Risch-Rotkreuz, einem Vorort von Luzern, unterhielt *Faro* eine Filiale in der Wiesengasse 20. *Faro Technologies* war ein in den achtziger Jahren gegründetes US-amerikanisches Industrieunternehmen mit Töchtern in Europa und Asien.

D'Arcangelo von *Faro Technologies* sagte mir auf Nachfrage, er kenne »Hannibal« seit 2006. Sie seien zusammen als Fallschirmjäger bei der Bundeswehr gewesen, zunächst im bayerischen Altenstadt, später im saarländischen Lebach. Drei Mal wurden sie auch in Afghanistan eingesetzt. Das verband natürlich. Marco D'Arcangelo sagte auch, er sei 2017 »Uniter« beigetreten und zunächst Distriktleiter des »Chats Süd« gewesen. Im November 2019 habe er sich jedoch, inzwischen Distriktleiter Deutschland, im Streit von »Hannibal« getrennt. Mit Rechtsextremismus wolle er nichts zu tun haben. »Davon distanziere ich mich ausdrücklich«, sagte er mir, als ich ihn Anfang 2020 anrief und mit diesem Vorwurf konfrontierte.

Angesprochen auf den Faro-Scan vom Breitscheidplatz, erklärte mir die Berliner Innenbehörde schriftlich, sie habe keinen Kontakt zu D'Arcangelo gehabt. Ihr Ansprechpartner sei Christian Schneider gewesen, ein national und international anerkannter Fachmann. 2018 habe man ihm den Auftrag erteilt, ein Zufahrtschutzkonzept für den Breitscheidplatz zu erstellen. Schneider habe vor Eröffnung des Weihnachtsmarktes 2018 telefonisch in der Innenbehörde angefragt, ob etwas gegen eine Visualisierung der Schutzmaßnahmen durch einen 3D-Scan spreche. Dieser solle mittels einer speziellen 3D-Kameratechnik hergestellt werden, wodurch ein virtueller Rundgang durch die Sperrmaßnahmen möglich sei. »Herr Schneider wurde gebeten, sich hinsichtlich der geplanten Scannung und Visualisierung des Breitscheidplatzes mit dem für die öffentliche Fläche zuständigen Ordnungsamt Charlottenburg-Wilmersdorf in Verbindung zu setzen. Soweit hier bekannt, wurde von dort der Scannung des Platzes zugestimmt«, antwortete ein Sprecher des Berliner Innensenators Andreas Geisel (SPD) auf Amtsdeutsch. Eine Beauftragung der *Faro*

Technologies oder D'Arcangelo sei also nicht erfolgt. »Es bestand und besteht zu keiner Zeit eine Geschäftsbeziehung der Senatsverwaltung für Inneres und Sport mit Herrn Marco D'Arcangelo oder der Firma Faro Europe GmbH & Co. KG bzw. der Tochterfirma Faro Technologies.« Schneider habe zwar später einen USB-Stick mit einer Kopie des 3D-Scans der Innenverwaltung übergeben, die eine Datei mit der Bezeichnung »Faro Technologies« enthalten habe. Aber direkt habe man nichts miteinander zu tun gehabt.

Das war der übliche Behördenreflex: Der eigene Hof muss sauber bleiben.

Wann genau dieser Scan erstellt worden ist, führte die Berliner Behörde nicht aus.

D'Arcangelo erklärte dagegen, es habe sehr wohl eine Genehmigung der Innenbehörde vorgelegen. *Faro* sei es als einem der führenden Unternehmen in der Sicherheitsbranche darum gegangen, an dem Pilotprojekt beteiligt zu sein.

Wenn eine Genehmigung aus Berlin vorgelegen habe, heißt das ja nicht, dass sie ihm bzw. dem von ihm vertretenen Unternehmen erteilt worden ist. Aus den Einzelerklärungen ging nicht hervor, wer wem was konkret vorgelegt hatte. Man kann dazu auch sagen: Die Beteiligten spielten sich die Bälle zu. Schneider betonte, nichts vom »Uniter«-Hintergrund gewusst zu haben. Ihm sei das Modell kostenlos von Faro angeboten worden. Faro genieße als eines von zwei Unternehmen, die in Europa derartige 3D-Scans erstellen, einen guten Ruf.

Allerdings räumte Schneider ein, dass vor diesem Auftrag der Verein über Monate wiederholt an ihn

herangetreten sei mit der Bitte, Mitglied bei »Uniter«
zu werden. Er habe dies jedoch stets abgelehnt.

Als die Bundestagsabgeordnete Dr. Irene Mihalic,
innenpolitische Sprecherin der Fraktion der Grünen,
die Antwort der Berliner Innenbehörde gezeigt bekam,
ist sie erkennbar besorgt. »Gerade in hochsensiblen
Sicherheitszusammenhängen muss es natürlich heißen: Augen auf bei der Auftragsvergabe. Es ist schon
beunruhigend, wenn ein führendes Mitglied des Vereins ›Uniter‹, der mutmaßlich verwoben ist mit dem
›Hannibal-Netzwerk‹, mit einbezogen ist in derartige
sicherheitsrelevante Vorgänge«, sagte sie und forderte
mehr Sensibilität. »Es wäre fatal, wenn öffentliche Stellen solchen Netzwerken auch noch die nötigen Daten
lieferten, die sie für ihre gefährlichen Pläne nutzen
können.«

Damit machte sie auf ein wesentliches Problem aufmerksam.

Die ehemalige Polizistin Mihalic wusste genau, mit
wem man es zu tun hatte. Im Dezember 2018, zwei
Jahre nach dem Anschlag, hatten Unbekannte einen
Kranz auf dem Breitscheidplatz niedergelegt. Das
Gebinde trug das Symbol von »Uniter«: Kreuz und
Schwert in einem Ehrenkranz. »In stillem Gedenken«
stand auf dem schwarzen Stoffband. Was für eine na-
tionalistische Provokation!

Am 19. Dezember 2016 war ein Sattelzug um 20.02
Uhr in den Weihnachtsmarkt gerast. Vor der Gedächtniskirche im Berliner Stadtbezirk Charlottenburg starben elf Menschen, 67 weitere wurden zum Teil schwer
verletzt. Der Täter war zwei Tage später zweifelsfrei
identifiziert worden: Anis Amri, tunesischer Flücht-

ling mit diversen Aliasnamen und falschen Pässen, ein Kleinkrimineller, der im Görlitzer Park, dem Görli in Kreuzberg, mit Drogen dealte. Amri soll ein fanatischer Salafist gewesen sein, der im Namen der Terrormiliz *Islamischer Staat* (IS) unterwegs war. Und: Er soll allein gehandelt haben.

Befragt werden kann Amri dazu nicht mehr. Vier Tage nach dem Anschlag erschoss ihn nach einer wilden Flucht quer durch halb Europa eine italienische Polizeistreife. In der Kleinstadt Sesto San Giovanni nordöstlich von Mailand trafen ihn die Kugeln.

Obgleich sich die Zweifel an der Einzeltäter-These mehrten, hielten die deutschen Sicherheitsbehörden an ihr fest. Handyaufnahmen zeigten, dass sich mehrere Personen unmittelbar nach dem Anschlag in Richtung Breitscheidplatz bewegten – und nicht, wie die anderen Passanten, von dort flüchteten. Eines der Opfer war nicht durch den Sattelschlepper verletzt worden, sondern mit einem Gegenstand, mit dem ihm, so legten es Handyaufnahmen nahe, auf den Kopf geschlagen worden war – in jenem Moment nach dem Anschlag, als sich die Beifahrertür des Lastwagens öffnete und eine Person mit einer Waffe in der Hand das Weite suchte, wie ebenfalls Aufnahmen von Zeugen belegten.

Amri war wenige Minuten nach dem Anschlag in einer U-Bahn-Unterführung von einer Kamera gefilmt worden. Die Aufnahmen zeigten, wie er in Richtung Breitscheidplatz ging. Hätte er nicht von dort weglaufen müssen?

Ein Handy von ihm wurde Tage nach dem Anschlag in einem Loch im Kühlergrill des Lasters entdeckt.

Wie kam das Smartphone dorthin? Hatte Amri selbst diese Spur nachträglich gelegt? Aber warum?

Und: Auf seiner Flucht setzte Amri an Bekannte über WhatsApp eine Nachricht ab, in der er bestritt, unmittelbar mit »der Sache«, womit er den Anschlag meinte, etwas zu tun gehabt zu haben. Log er, war das Verschleierung? Oder ließ sich diese Beteuerung so interpretieren, dass er nur ein Rädchen in einem größeren Uhrwerk gewesen sein könnte? Doch wer drehte dann die großen Räder, wer saß tatsächlich hinterm Lenkrad des Lasters, wenn es Amri nicht war?

Am 28. Februar 2019 trat Bundesinnenminister Horst Seehofer (CSU) vor eine Handvoll ausgewählter Journalisten. Seehofer gibt öffentlich so gut wie nie Statements zu Zeitungsberichten ab – schon gar nicht auf kurzfristig anberaumten Pressekonferenzen. Kurz zuvor hatte das Magazin *Focus* berichtet, dem Inlandsgeheimdienst und dem Parlamentarischen Kontrollgremium des Bundestages lägen Videoaufnahmen vor, die starke Zweifel an einer Alleintäterschaft Amris geweckt hätten. Angeblich sei darauf zu sehen, wie jemandem der Weg aus dem Tatfahrzeug gleichsam freigeschlagen, also die Flucht ermöglicht wurde.

Seehofer dementierte den Bericht mit einer Wucht, die die anwesenden Hauptstadtkorrespondenten irritierte. Seine Vehemenz erschütterte weniger die Glaubwürdigkeit des *Focus*-Berichts denn die Darstellung des Ministers. Niemand sei neben Amri an der Tat beteiligt gewesen, sagte Seehofer. Ein Mann namens Bilel Ben Ammar sei zwar nach der Tat verhaftet und im Februar 2017 nach Tunesien abgeschoben worden. Aber das stehe in keinem Zusammenhang. Anis

Amri und Ben Ammar hätten nichts miteinander zu tun gehabt, wiederholte der Bundesinnenminister mit Nachdruck. Und das mehrere Male. Ebenso wenig sehe er Anhaltspunkte für die Behauptung, Ben Ammar sei V-Mann des marokkanischen Geheimdienstes gewesen und habe mit der Abschiebung vor Enttarnung und Strafverfolgung in Deutschland geschützt werden müssen.

Seehofer stützte sich bei seinen Ausführungen auf einen dreizehnseitigen Untersuchungsbericht, federführend verfasst vom Bundeskriminalamt (BKA).

Neben dem Bundesinnenministerium hielt vor allem das BKA unter Präsident Holger Münch an der These fest, Amri allein sei der Täter gewesen. Genau daran zweifelten inzwischen auch Mitglieder des parlamentarischen Amri-Untersuchungsausschusses. Grünen-Vertreterin Mihalic sagte, die objektive Spurenlage passe nicht zur Darstellung des Bundeskriminalamtes, die Behörde wolle vermutlich etwas verschleiern.

War das der Grund dafür, warum sich Seehofer an jenem sonnigen Tag im Februar so nervös und hektisch zeigte? Wollte Seehofer etwas vertuschen? War die These vom Einzeltäter Amri nur Legende, um den tatsächlichen Kern der Geschichte zu verbergen? Wie glaubwürdig waren die Informationen der dem Bundesminister unterstehenden Behörden? Oder handelte er wie sein Vorgänger Thomas de Maizière (CDU), der im November 2015 im Zusammenhang mit mutmaßlichen islamistischen Terrordrohungen erklärt hatte, ein Teil der Antworten würde »die Bevölkerung verunsichern«, weshalb man sie verschwiegen habe?

Fragen warf auch der Tweet einer Person auf, die auf den ersten Blick nichts mit dem angeblich islamistisch motivierten Anschlag auf dem Berliner Weihnachtsmarkt zu tun hatte: Lutz Bachmann. Der politische Aktivist und gebürtige Dresdener galt als Initiator von Pegida, der »Patriotischen Europäer gegen die Islamisierung des Abendlandes«. Er hatte die islam- und fremdenfeindliche, völkische, rassistische und rechtsextreme Bewegung im Herbst 2014 losgetreten, die in vielen Städten Ableger fand. Bachmann, obgleich mehrfach vorbestraft – unter anderem wegen Drogenhandel, Einbruchdiebstahl, Körperverletzung und Volksverhetzung –, wurde zum Vereinsvorsitzenden und nach Gründung des Pegida-Fördervereins im März 2015 auch zu dessen Chef gewählt.

22.16 Uhr, gut zwei Stunden nach dem Anschlag auf den Breitscheidplatz, hatte eben dieser Bachmann zu seinem Smartphone gegriffen und die Nachricht in die Welt gesandt: »Interne Info aus Berliner Polizeiführung: Täter tunesischer Moslem. Dass der Generalbundesanwalt übernimmt, spricht für die Echtheit.«

Auf Schlüsselworte wie »tunesischer Moslem« sprang der rechte Mob sofort an. Einige Rechte schienen darauf geradezu gewartet zu haben. Der Täter ein Moslem und aus einem arabischen Land stammend! Und diese Nachricht sollte direkt aus der Berliner Polizei gekommen sein. Diese Botschaft erfüllte die dunklen Prophezeiungen der Verteidiger Europas »gegen die Islamisierung des Abendlandes«.

Auch wenn Bachmann den Tweet wenig später löschte, war die Welle der Empörung losgetreten. Woher kannte er aber die Details? Gab es die angeblichen

Kontakte zur Berliner Polizei tatsächlich? Und warum wusste Bachmann Fakten zu einer Zeit, die erst am Tag darauf gegen 17 Uhr von den deutschen Sicherheitsbehörden bekanntgegeben wurden, nämlich dass der Täter Anis Amri vermutlich ein Moslem tunesischer Herkunft sei?

Bachmann wollte vierzig Minuten nach dem Anschlag einen Anruf und wenig später noch eine SMS mit der sicherheitsrelevanten Information bekommen haben, angeblich von einem Polizeibeamten aus der Hauptstadt, der mit Berliner Akzent sprach. Das sagte Bachmann im November 2020 vor dem Untersuchungsausschuss des Bundestages zur Aufklärung des Breitscheidplatz-Komplexes aus. Auf die Frage, warum er diesen Inhalt gepostet habe, erklärte der Dresdner vom Jahrgang 1973: »Weil es der Wahrheit entsprach.«

Zahlreiche Ungereimtheiten rankten sich auch um die möglichen Handys von Anis Amri. Eines steckte, wie erwähnt, im Kühlergrill des »Tatfahrzeuges«. Dessen SIM-Karte war am Tattag nicht genutzt worden. Ein zweites Mobiltelefon fand man im Fahrerhaus des Trucks, auch dieses wurde Amri zugerechnet. Darin steckte aber keine SIM-Karte. Diese jedoch loggte sich über die ihr zugewiesene Telefonnummer am 21. Dezember 2016 um 17.30 Uhr in einer Funkzelle am Berliner Kurfürstendamm ein. Das war zwei Tage nach dem Anschlag und Amri bereits via Amsterdam Richtung Brüssel unterwegs, wie man aus dem Einsatz eines dritten Handys in Erfahrung hatte bringen können.

Das Bundeskriminalamt vermochte angeblich nicht zu klären, wo die verschwundene SIM-Karte zur Tatzeit eingeloggt gewesen war, weshalb die Frage nicht unlogisch erscheint, ob Amri zur Tatzeit vielleicht gar nicht im Sattelschlepper gesessen hatte.

Sollte – wie bei den Untersuchungen im NSU-Komplex – der Kreis möglicher Täter überschaubar gehalten werden, um eine direkte und indirekte Beteiligung weiterer Personen, gar Institutionen, nicht in Erwägung zu ziehen?

Im Lastwagen selbst fanden sich weder Fingerabdrücke noch DNA-Spuren von Amri, statt dessen aber Spuren von anderen unbekannten Personen. Wer war tatsächlich im Tatfahrzeug, wer hatte es gesteuert? Und wo war Amri zur Tatzeit tatsächlich? Ja, der Sattelschlepper war gestohlen und der polnische Fahrer erschossen worden. Und ja, am 22. Dezember gab man bekannt, man habe Fingerabdrücke von Amri in der Fahrerkabine nachgewiesen, wobei am Vortag der Innenminister von NRW den Fund eines Ausweisdokuments von Amri im Tat-LKW mit dem durchaus logischen Argument kommentierte, daraus lasse sich »nicht schließen, dass Amri auch an der Tat beteiligt war«.

Der Schweriner Landtagsabgeordnete Dirk Friedriszik, der seit geraumer Zeit den braunen Netzwerken in seinem Bundesland nachspürte, stieß bei seinen Recherchen ebenfalls auf Ungereimtheiten in der Sache Amri. Vom »Uniter«-Aussteiger, dem Arzt, mit dem er sich im November 2020 konspirativ getroffen hatte, hatte er gehört, dass der 3D-Scan vom Breitscheidplatz nicht erst *nach* dem Anschlag, sondern bereits davor angefertigt worden sei. Monate vor dem Terrorakt soll der Platz vor der Gedächtniskirche von Faro bis in den letzten Winkel vermessen worden sein.

Friedriszik wollte es kaum glauben. Konnte das wirklich sein? Und wenn es tatsächlich stimmte: *Warum* hatten führende Mitglieder von »Uniter« – Marc Z., Mathias F. und Marco D'Arcangelo – vor dem Anschlag auf den Breitscheidplatz einen 3D-Scan angefertigt? Für wen und zu welchem Zweck? Und warum fand sich dieses durchaus erhebliche Detail nicht in den offiziellen Untersuchungsberichten der Sicherheitsbehörden?

Unbestritten war, dass sich am Abend des Anschlages mindestens zwei Personen aus dem rechtsextremen Milieu in der Hauptstadt aufhielten: Franco A. und Maximilian T. Dass die beiden Soldaten an jenem Abend keinen Dienst in ihrer deutsch-französischen Stammeinheit im französischen Illkirch schoben, belegten die unter ihrem Disziplinarvorgesetzten Oberstleutnant Marc-Ulrich Cropp unterschriebenen Urlaubsanträge. Franco A. war, zur Erinnerung, jener islamfeindliche Oberleutnant der Bundeswehr mit der doppelten Identität als syrischer Flüchtling, und Maximilian T. ein Mitarbeiter des AfD-Bundestagsabgeordneten Jan Nolte. Wie *dpa* im Februar 2020 mitteilte, hatte der Militärische Abschirmdienst T. als Rechtsextremisten eingestuft. Auch das Bundesamt für Verfassungsschutz bestätigte diese Einschätzung. Beide gehörten zu den Prepper-Chatgruppen, die der seinerzeitige KSK-Soldat André S. (»Hannibal«) initiiert hatte. (Zur gleichen Zeit, im Februar 2020, als der Verfassungsschutz »Uniter e. V.« zum Prüffall erklärte, beantragte Maximilian T. den Erlass einer Einstweiligen Verfügung gegen die *taz*, weil diese im Zusammenhang mit Franco A. berichtet hatte, dass Maximilian T.

Mitglied in Prepper-Chatgruppen sei. Das Oberlandesgericht Köln wies am 28. Februar den Antrag zurück.) Es hieß ferner, dass Franco A. mit der Schwester von Maximilian T. liiert sei, und dass ihr Vater, Thomas T., ein aktiver »Reichsbürger«, mit der Absicht schwanger gehe, im Kaliningrader Gebiet – vormals Ostpreußen – eine deutsche Siedlung aufzubauen ...

Also diese beiden, Franco A. und Maximilian T., waren am 19. Dezember 2016 in Berlin.

Als zwei Mitarbeiter vom Landesamt für Verfassungsschutz Mecklenburg-Vorpommern – A. B. und T. S. – am Abend des 19. Dezember 2016 hörten, dass es einen Anschlag auf dem Berliner Breitscheidplatz gegeben habe, setzten sie sich sofort in ihre Autos und verließen Schwerin Richtung Hauptstadt. Beide führten V-Leute im islamistischen Milieu. Sie wollten noch in der Nacht ihre Berliner Quellen sprechen, um etwas über Tathergang und Hintermänner in Erfahrung zu bringen. Sie wollten wissen, was ihre Quellen wussten.

Abgeschirmt von der Außenwelt zogen sie sich mit ihren Informanten für mehrere Tage in konspirative Wohnungen und Hotelzimmer zurück, die eigens für diesen Zweck angemietet worden waren. Sie bekamen auch Fotos, auf denen Bilel Ben Ammar zu sehen war, der schon wenig später aus der deutschen Untersuchungshaft nach Tunesien abgeschoben werden sollte.

6. Kapitel

FRANCO A.

Der Mann mit dem Doppelleben besaß einen Plan, und er hatte ihn aufgezeichnet, im Detail. Mit seinem Motorrad, einer Suzuki GS 500 EU, wollte Franco A. starten, später ein Auto nehmen. Er beabsichtigte von Offenbach nach Berlin zu fahren, quer durch die Republik, dann nach Frankreich ins Elsass und wieder zurück nach Deutschland, nach Bayern.

Franco A.'s Notizen lagen dem Bundeskriminalamt vor. Nicht aber das Motiv, das hinter dieser Planung steckte. Die Ermittler hatten allenfalls eine Hypothese. Und die ging so: Mit dem Motorrad habe A. nach Berlin fahren wollen, um dort einen Terroranschlag zu verüben. Die mögliche Tatwaffe, eine Schrotflinte, hätte ein Komplize per Bahn in die Bundeshauptstadt bringen sollen. Nach der Tat wäre der Offizier mit dem Motorrad in die Kaserne bei Straßburg zurückgekehrt, um im Anschluss mit einem Auto zunächst nach Bayreuth und später nach Erding zu fahren.

Die Geschichte von Franco A., des Bundeswehrsoldaten aus dem Jägerbataillon 291 im elsässischen Illkirch, ist ohne Beispiel. In Kirchdorf bei Erding bewohnte er offiziell ein Zimmer in einer Asylunterkunft – als anerkannter syrischer Flüchtling namens David Benjamin. Wie konnte Franco A. über Monate unentdeckt ein Doppelleben führen?, fragt jeder, der davon hörte oder las. War er, wie sein Verteidiger behauptete, ein »als Flüchtling verkleideter Hobbyermittler im deutschen Asylwesen«? Oder zielte das »Hobby« weniger auf die Vorführung einer kritikwürdigen Asylpolitik, sondern mehr auf die Untergrabung gesellschaftlicher Strukturen? Auch wenn A. allein auf dem Motorrad gesessen hätte, so war er nachweislich Teil eines Ländergrenzen überschreitenden rechten Netzwerkes und also nicht allein.

Fragen, die die Ermittler im Fall von Franco A. zunächst nicht beantworten konnten, weil sie sie nicht gestellt hatten? Aber sie waren im Besitz von umfangreichem Material, die Mitschriften des Bundeswehroffiziers waren eindeutig.

Mir liegen zwei zentrale Vermerke vor. Es sind Dokumente, aus denen wegen laufender Ermittlungen hier nicht direkt zitiert werden darf. Im Mai 2021 begann das Verfahren gegen den 32-jährigen Franco A. vor dem Oberlandesgericht in Frankfurt am Main, für das zunächst zwölf Prozesstage anberaumt worden waren. Die Analysen der Beamten des Bundeskriminalamtes ließen keinen Zweifel daran zu, dass es sich bei Franco A. um keinen gewöhnlichen Fall in der deutschen Bundeswehr- und Kriminalgeschichte handelt.

Und: »Nordkreuz«, »Uniter« und »Franco A.« werden in der Ermittlungsbehörde unter einem Aktenzeichen geführt, werden als Einheit betrachtet, in dessen Zentrum der Oberleutnant mit dem Doppelleben steht.

Der Fall begann in einer Tiefgarage in der Novalis-straße in Berlin-Mitte, knapp fünf Monate vor dem – vermeintlich – islamistisch motivierten Terroranschlag auf dem Breitscheidplatz. Es war der 22. Juli 2016, ein heißer Freitagnachmittag in der Hauptstadt, die Temperaturen stiegen bis auf 30 Grad. Doch hier unten in der Garage spürte Franco A. wenig von der Hitze. Um 16.13 Uhr zückte er sein Samsung Galaxy und fotografierte die Frontansichten von vier parkenden Autos. Deutlich zu erkennen sind jeder einzelne Fahrzeugtyp, die Lackierungen, die Kennzeichen. Die Wagen gehörten Mitarbeitern der Amadeu Antonio Stiftung, deren Sitz sich im Gebäude über der Tiefgarage befand. Die Organisation war bekannt für ihren Kampf gegen Rassismus und Rechtsextremismus. Aus diesem Grund war sie schon häufig Ziel von Hass und Anfeindungen aus der rechten Szene. A. war dabei, die Stiftungsvorsitzende Anetta Kahane auszuspähen, um sie zu beseitigen, wie es später heißen sollte. Neben detaillierten Angaben zu Kahane fanden sich im Notizbuch des Offiziers auch Adressen anderer prominenter Fürsprecher einer liberalen Flüchtlingspolitik, etwa des damaligen Justizminister Heiko Maas (SPD) wie auch der Name des seinerzeit amtierenden Bundespräsidenten Joachim Gauck.

Neonazis in der Bundeswehr – vernetzt, gewaltbereit und umstürzlerisch? Angesprochen auf Rechtsextremisten in der Truppe wurden Generäle schnell schmallippig. Die Armee sei ein Spiegelbild der Gesellschaft, da gebe es solche und solche, war häufig zu hören. Die große Mehrheit der 185 000 deutschen Soldatinnen und Soldaten stehe auf dem Boden der freiheitlich-demokratischen Grundordnung. An dieser Aussage zweifelte kaum jemand. Doch selbst wenn zutraf, dass der Prozentsatz von Radikalnationalisten, Rechtsextremisten, Neonazis und Terroristen unter Soldaten ähnlich hoch war wie der unter Zivilisten, gab es trotzdem einen wesentlichen Unterschied: Soldaten trugen Waffen. Und sie wussten, wie man sie einsetzte.

Als Oberleutnant Franco A. Anfang 2017 mit möglichen Anschlagplänen aufflog und herauskam, dass seine Vorgesetzten schon lange von den rechten Umtrieben des Offiziers gewusst und diese als »Spinnereien« abgetan hatten, blies die damalige Verteidigungsministerin Ursula von der Leyen (CDU) zum Kampf gegen »falsch verstandenen Korpsgeist«. Sie attestierte der Bundeswehr ein »Haltungsproblem«, kassierte den Traditionserlass der Truppe, ließ Wehrmachtssymbole aus Kasernen entfernen und setzte Generäle ab, die sich ihr widersetzen. Zum ersten Mal zog die Führung des Verteidigungsministeriums die Existenz eines »rechtsradikalen Netzwerkes« innerhalb der Bundeswehr in Betracht. Von Einzelfällen, so erklärte die Bundesverteidigungsministerin von der Leyen, könne keine Rede mehr sein. Im März 2019 teilte ein Sprecher des Militärischen Abschirmdienstes dem Innenausschuss des Deutschen Bundestages in einer vertraulichen Sitzung mit, dass der Geheimdienst der Truppe »450 Verdachtsfällen« in der Bundeswehr nachgehe. Hinzu kämen nach Einschätzung deutscher Sicherheitsbehörden 12 700 gewaltbereite deutsche Rechtsextremisten.

Das waren Zahlen, die beunruhigten.

Inzwischen hatte Karlsruhe entschieden, die Anklage der Bundesanwaltschaft gegen Franco A. wegen der Vorbereitung einer schweren staatsgefährdenden Gewalttat zuzulassen – nach einer Beschwerde des Generalbundesanwalts. Das Oberlandesgericht hatte nämlich die Anklage nur teilweise zugelassen und das Hauptverfahren vor dem Landgericht Darmstadt eröffnen lassen. »Den hinreichenden Verdacht der Vorbereitung einer schweren staatsgefährdenden Gewalttat hat es verneint, weil der Angeklagte zu solch einer Tat nicht fest entschlossen gewesen sei. Dies ergebe sich daraus, dass er sie über den Zeitraum von mehr als sechs Monaten nicht begangen habe, obwohl ihm dies möglich gewesen wäre«, teilte der 3. Strafsenat des BGH in einer entlarvenden Pressemitteilung zu seinem Beschluss vom 22. August 2019 tadelnd mit. Nunmehr also musste das Oberlandesgericht Frankfurt, dessen Staatsschutzsenat sich ursprünglich als nicht zuständig sah, weil angeblich kein ausreichender Verdacht für die Vorbereitung einer schweren staatsgefährdenden Gewalttat bestand, eine Hauptverhandlung anberaumen und durchführen.

In erster Instanz war also die oberste deutsche Anklagebehörde vor dem Staatsschutzsenat des Oberlandesgerichts in Frankfurt im Juni 2018 gescheitert. Das OLG hatte »keinen hinreichenden Verdacht« feststellen können. In Fällen wie diesen – ohne die Umsetzung einer möglichen Tatabsicht – balancierten Staatsanwälte wie Richter stets auf einem schmalen Grat der Abwägung. Generalbundesanwalt Peter Frank hingegen war fest davon überzeugt, dass Franco A. morden wollte. Als Belege für das mutmaßliche Komplott gegen Kahane und andere Zielpersonen führte die Anklagebehörde in Karlsruhe auch die zwei Vermerke des Bundeskriminalamtes (BKA) vom 3. Mai und 18. Dezember 2017 in ihren Akten.

Der eine Vermerk zeigte jene Fotos aus der Tiefgarage und eine Zeichnung von der Umgebung der Amadeu Antonio Stiftung. Der andere, bislang unveröffentlichte Vermerk stützte sich auf einen doppelt gefalteten DIN A4-Notizzettel des Offiziers.

Der Prozess wird zeigen, ob Franco A. die Vorbereitung einer terroristischen Straftat so weit nachgewiesen werden kann, dass er dafür verurteilt werden muss. Vor neun Jahren wurden vier Mitglieder der sogenannten Sauerlandgruppe zu mehrjährigen Haftstrafen verurteilt, weil sie nach Auffassung des Gerichtes Wasserstoffperoxid für einen Sprengstoffanschlag gehortet hatten. Damals reichten solche Indizien aus, um die Vorbereitung einer schweren Gewalttat zu belegen.

Und bei Franco A.?

Für die Entscheidung in zweiter Instanz kam dem Vermerk des BKA vom 3. Mai 2017 eine zentrale Bedeutung zu. Waren die Kürzel auf dem gefalteten Blatt wirre Kritzeleien, lose zusammengeschrieben, ohne feste Absicht, sie jemals in die Tat umzusetzen? Oder handelte es sich, was die Ermittler vermuteten, um das Drehbuch für politische Morde?

Für diese belastende These sprach, dass alle acht Notizen zueinander in Bezug standen und ein schlüssiges Gesamtbild ergaben. Neben möglichen Anschlagzielen und dem Drehbuch für ein Attentat fanden sich Aufzeichnungen zu drei französischen Gewehren, eines davon war nach Ansicht der Fahnder eine Schrotflinte.

Eine weitere Notiz deutete auf eine Veröffentlichung der geplanten Tat im Internet hin. Der Name »Xavier« wurde genannt. Nach Ansicht der BKA-Experten konnte der Name für den deutschen Musiker Xavier Naidoo stehen, dem immer wieder eine gewisse Nähe zur sogenannten Reichsbürger-Bewegung nachgesagt wurde.

Ähnlichkeiten zum Anschlag vom März 2019 in der neuseeländischen Stadt Christchurch drängten sich auf. Der Attentäter filmte das Massaker und übertrug es live auf Facebook – untermalt von muslimfeindlichen Liedern eines serbischen Nationalisten. Solche mit Songs unterlegte Internet-Filme von Anschlägen hatten sich zu einer zentralen Kommunikationsform in digitalen rechtsextremistischen Foren entwickelt. Die US-amerikanische Alt-Right-Bewegung rief so zum weltweiten »Meme-Krieg« auf. Ein Mem – so hatte der britische Evolutionsbiologe Richard Dawkins in den siebziger Jahren seine Theorie begründet – war ein Satz, ein Slogan, eine Melodie oder eine bestimmte politische Einstellung. »Meme« verbreiteten sich wie Viren mit Hilfe der Medien, elektronischer wie gedruckter, sie beeinflussten Denken und Verhalten. »Wer die Meme hat, hat die Macht«, hieß es. Mit der Manipulation von Meinung wurde Politik gemacht. Der *Meme War* mit seinen *shit postings* richtete sich vorzugsweise gegen linke Politiker und Organisationen, Flüchtlinge und Muslime.

Der Attentäter von Christchurch pflegte enge Verbindungen zum Führer der rechtsextremistischen

Identitären Bewegung (IB) in Österreich, Martin Sellner. Auch die Wege von Franco A. führten in die Alpenrepublik. Er wurde verhaftet, als er aus dem Putzschacht einer Behindertentoilette auf dem Wiener Flughafen Schwechat eine dort deponierte Pistole mit gefülltem Magazin übernahm, wir erinnern uns.

Er habe die Waffe wenige Tage zuvor zufällig im Gebüsch gefunden, als er auf einem Kneipenbummel durch Wien gegen vier Uhr morgens alkoholisiert im Freien habe austreten müssen, gab er später einem Mitarbeiter des Militärischen Abschirmdienstes zu Protokoll.

Die Bundesanwaltschaft hingegen war überzeugt, dass Franco A. Helfer aus der rechten Szene und aus der Truppe hatte. Die Notizen auf seinem Zettel stammten nicht allein aus seiner Feder. Auch Maximilian T., sein Offiziers-Kollege, hatte sich darauf verewigt, wie die Untersuchung der Handschriften ergab.

T. bestritt erfolgreich, an angeblichen Anschlagvorbereitungen beteiligt gewesen zu sei. Das Ermittlungsverfahren gegen ihn wurde im August 2019 eingestellt.

Ein mutmaßlicher Komplize erklärte gegenüber der *Neuen Zürcher Zeitung* (NZZ), Franco A. habe Sicherheitslücken im Asylsystem aufdecken wollen. Das war auch die Verteidigungsstrategie seiner Anwälte. Und er habe in der patriotischen Überzeugung gehandelt, er bekäme für diesen Dienst an der Heimat einen Orden. Seine Mutter verklärte ihn sogar zu einer Art »Hauptmann von Köpenick«, der bekanntlich den kaiserlichen Obrigkeitsstaat vorgeführt hatte.

Als 17-Jähriger hatte Franco A. in seinem Tagebuch über einen Putschversuch mit ihm an der Spitze fantasiert. Jahre später schrieb er eine Masterarbeit bei der Bundeswehr, in der er eine angebliche jüdische Verschwörung aufgedeckt haben wollte. Seiner Karriere als Elite-Soldat schadete diese krude Vorstellung offenkundig nicht.

Zwei Tage nach den Fotoaufnahmen in der Berliner Tiefgarage besuchte A. in Franken ein Konzert. Im Rahmen des »Würzburger Hafensommers« traten dort zwei deutsch-syrische Musikgruppen auf. Auch für dieses Konzert hatte sich Franco A. Angaben notiert, ebenso Adresse und die Sendezeiten des Stuttgarter Senders *Radio Good Morning Deutschland*, der sich auf ein mehrsprachiges Programm für Flüchtlinge spezialisiert hatte.

Hatte A. auch Würzburg und Stuttgart im Spätsommer 2016 ins Visier genommen? Und wie kam es, dass Franco A. und Maximilian T. – scheinbar problemlos – ausreichend Zeit und wohl auch die Mittel hatten, ihrem »Hobby« nachzugehen? Sie konnten, wie die Recherchen ergaben, tagelang, manchmal sogar für einige Wochen der Kaserne den Rücken kehren und durchs Land reisen.

Auch Timo Reinfrank, Geschäftsführer der Amadeu Antonio Stiftung, erwartete Antworten auf solche Fragen. Er gehe davon aus, dass die Ermittlungen der Bundesanwaltschaft und der Ermittlungsrichter am Bundesgerichtshof vollumfänglich geführt würden. »Dies gilt umso mehr, als zu befürchten steht, dass erhebliche Verquickungen zwischen Rechtsextremisten und Staatsdienern bestehen«, sagte mir Reinfrank.

Dass Franco A. und dessen mutmaßliche Komplizen ihre vermutlichen Pläne gegen Kahane, den Würzburger Hafensommer und den Stuttgarter Flüchtlingssender nicht in die Tat umsetzten, war zwar gut, aber unklar blieb, warum sie fallengelassen wurden. Oder nur auf Eis gelegt wurden. In den Notizen von Franco A. heißt es dazu sinngemäß, die Zeit sei noch nicht reif. Was war damit gemeint? Oder entstanden zu jener Zeit Überlegungen für weitaus monströsere Anschlagsszenarien, um muslimische Flüchtlinge zu diskreditieren? Erinnern wir uns: Am 22. Juli 2016 fotografierte Franco A. in der Berliner Tiefgarage die Fahrzeuge in der Amadeu Antonio Stiftung – eine Woche zuvor, am 14. Juli, war auf der Uferpromenade von Nizza ein Attentäter mit einem LKW in eine Menschenmenge gerast. 86 Menschen starben, über vierhundert wurden verletzt. Der Islamische Staat (IS) hatte sich zum Terrorakt bekannt, der Täter – ein 31-jähriger Moslem aus Tunesien – war noch im Fahrerhaus von der Polizei erschossen worden ...

Die Lage sei ernst, meinte auch Oberstleutnant Marc-Ulrich Cropp, als er Verteidigungsministerin Ursula von der Leyen am 3. Mai 2017 empfing. Der Skandal um Bundeswehroffizier Franco A. beherrschte seit einigen Tagen die Schlagzeilen. Ungläubig schaute die Republik auf das Doppelleben eines deutschen Oberleutnants, der als angeblicher syrischer Flüchtling rechtsextremistische Terroranschläge geplant haben sollte. An jenem Mittwochmorgen inspizierte Bataillonskommandeur Cropp an der Seite der Ministerin die Kaserne im französischen Illkirch. Im Jägerbataillon 291 der deutsch-französischen Brigade hatte Franco A. zuletzt seinen Dienst als Stabsoffizier versehen, quasi in Rufweite des Kommandeurs.

Als die Ministerin und der »Kleine Muck«, wie Oberstleutnant Cropp in der Truppe genannt wurde, über den Exerzierplatz schritten – sie im hellen Blazer, er im grünen Kampfanzug – wirkten ihre Gesichter wie versteinert. Die Affäre um einen niederen Offizier hatte die höchste Ebene der Bundeswehr erreicht. Oberstleutnant Cropp war Generalstabsoffizier, ausgestattet mit allen Qualifikationen, die ihm den Aufstieg in die Generalität erlauben würden. Dass auch er ein nicht ganz ordentliches Leben führte, wussten zur Stunde nur wenige Eingeweihte.

Den die Ministerin begleitenden Journalisten zeigte man Wehrmachtsdevotionalien und einen Aufenthaltsraum, den die Soldaten »Bunker« nannten. Zu sehen waren Urkunden in Frakturschrift, Bilder von Wehrmachtsoldaten und Hakenkreuze, gemalt auf Wände und eingeritzt in ein Sturmgewehr.

Zur Pressekonferenz vor den Fernsehkameras erschien die Ministerin allein. Ohne Cropps Namen zu nennen, sagte von der Leyen, sie sei enttäuscht. Besonders über Disziplinarvorgesetzte, die weder wesentliche Informationen nach oben gegeben noch notwendige Maßnahmen ergriffen hätten. Alle wussten, wer damit gemeint war. Jeder im Raum teilte die Auffassung, dass der abwesende Kommandeur gegen die offenkundige Verherrlichung der Wehrmacht hätte vorgehen müssen, es aber offenkundig nicht getan hatte. Ursula von der Leyen blickte konzentriert in die Kameras und setzte noch einen drauf: »Es wird noch einiges hochkommen.«

2019 wechselte Ursula von der Leyen zur EU-Kommission in Brüssel. Zwischen ihrem Amtssitz an der

Rue de la Loi und dem NATO-Hauptquartier am Boulevard Léopold III lagen nur wenige hundert Meter Luftlinie. Dort arbeitete seit Jahresbeginn 2019 auch Oberstleutnant Marc-Ulrich Cropp. Nicht unbedingt ein Aufstieg für den erfolgsverwöhnten Soldaten, der als Fallschirmjäger in Altenstadt begann, im Kommando Spezialkräfte (KSK) diente, einen Elite-Lehrgang in den USA absolvierte und danach, bis 2014, einen hohen Posten im Verteidigungsministerium besetzte. Im dortigen Planungsstab war er in wichtige Auslandseinsätze der Bundeswehr eingebunden, hatte Zugang zum Büro der Ministerin und arbeitete auch für den einstigen Vizepräsidenten des Bundesnachrichtendienstes, Andreas von Geyr.

Nach dem Skandal um Franco A. war der 47-Jährige nach Brüssel versetzt worden. »Die Sache mit Franco A. hat ihn die Karriere gekostet«, sagte mir ein ehemaliger Wegbegleiter Cropps, ein Hauptmann aus Illkirch. Allerdings lag nicht nur der Stolperstein Franco A. auf Cropps Weg ...

400 Kilometer südöstlich von Brüssel, in Mannheim, schaute Ute Maag in ihren Computer. Auch sie beschäftigte sich mit Cropp, wenngleich unfreiwillig. Seit vielen Jahren war sie die gute Seele des *Verbandes Deutscher Sportjournalisten.* Sie arbeitete in der Geschäftsstelle und kannte viele Namen und Gesichter der mehr als dreitausend Mitglieder. Immer wieder schüttelte die blonde Frau ungläubig den Kopf. Zufällig war sie im Internet auf ein merkwürdiges Profil gestoßen. Ein Mann mit rosafarbenem Hemd und Brille bezeichnete sich als Diplomkaufmann, Journalist und Mitglied im Verband Deutscher Sportjournalis-

ten. Er wollte auch dem Verein *Die Auswärtige Presse* angehören, abgekürzt DAP. So nannte sich auch die Deutsche Arbeiterpartei, ehe sie sich 1920 in NSDAP umbenannte. Das aber nur am Rande. Angeblich schrieb dieser Sportjournalist auch über Wirtschaft, Außenpolitik und Tourismus. Das Sonderbare: Das DAP-Mitglied sah nicht nur so aus wie der frühere Illkirch-Kommandeur, er hieß auch noch so: Marc-Ulrich Cropp. So sehr sich Ute Maag aber auch mühte, diesen Mann in Dateien und Archiven des Verbandes Deutscher Sportjournalisten aufzuspüren, sie fand ihn nicht. »Da segelt jemand unter falscher Flagge«, sagte sie mir. Da war sie sich sicher.

Auf Nachfrage reagierte der in Hamburg ansässige Verein gereizt. Präsidentin Maren Schönfeld verwies auf die DAP-Internetseiten. Darüber hinaus gebe man keine Interna heraus, weder über den Verein noch deren Mitglieder. »Von weiteren Anfragen oder Anrufen wollen Sie bitte Abstand nehmen«, schrieb mir Schönfeld in einer Mail und verwies auf »die Datenschutzgrundverordnung oder andere Datenschutzvorschriften«.

Veröffentlichungen von Cropp suchte Ute Maag auf den DAP-Seiten vergebens. Stattdessen stieß sie auf seine vermeintlichen Professionen als selbstständiger Kaufmann und Journalist, auf eine Adresse in Potsdam, eine Handynummer, eine Mail-Anschrift sowie – vermeintliche – Mitgliedschaften im Verband Deutscher Sportjournalisten und in der Verwertungsgesellschaft Bild-Kunst.

Auf der DAP-Homepage standen auch Namen von Journalisten der *Preußischen Allgemeinen Zeitung*

(PAZ). Das Blatt war umstritten. Die Historiker Wolfram Wette und Peter Oliver Loew sahen in ihm ein Publikationsorgan der Neuen Rechten. Der Journalist Anton Maegerle wollte in einigen Artikeln Holocaustleugnung erkannt haben und schrieb der Zeitung eine Scharnierfunktion zwischen Rechtsextremismus und Rechtskonservatismus zu. Eine Einschätzung, die die *PAZ* ausdrücklich von sich wies. Autoren, die in dem seit 2019 nur noch als *Preußische Allgemeine* getitelten Blatt schreiben, sind auch in der neurechten Wochenzeitung *Junge Freiheit* präsent.

Auf Facebook gefiel Cropp das Profil von Martin van Creveld. Der israelische Militärhistoriker niederländischer Herkunft genoss in rechten Zirkeln hohes Ansehen. Er publizierte auch in der *Jungen Freiheit*.

Cropp wollte laut DAP-Eintrag auch Mitglied in der Verwertungsgesellschaft Bild-Kunst sein, die unter anderem dafür sorgt, dass veröffentlichte Fotos nachträglich vergütet werden. Doch über Cropp lag der Gesellschaft nichts vor, es gebe kein Mitglied mit diesem Namen, hieß es auf meine Nachfrage. Unter diesem Namen veröffentlichte Bilder und Texte ließen sich auch sonst nirgendwo finden. Fehlanzeige auch beim Deutschen Journalistenverband: »Der Verein DAP ist uns als Berufsverband nicht bekannt. Herr Cropp ist nicht bei uns Mitglied«, erklärte mir ein Verbandssprecher.

War der angebliche Sportjournalist Marc-Ulrich Cropp überhaupt identisch mit dem früheren Illkirch-Kommandeur? Wenn ja: Warum legte sich ein Generalstabsoffizier der Bundeswehr eine zweite Identität zu? Und: Warum verschwieg er dort, dass er eigentlich Berufssoldat war? Handelte er nach gleichem Muster und mit gleichem Motiv wie Franco A., dem die Bundesanwaltschaft vorwarf, mit falscher Identität rechtsterroristische Anschläge geplant zu haben?

Unter der Telefonnummer, die im DAP-Profil des Sportjournalisten Cropp zu finden war, meldete sich eine männliche Stimme als Cropp. Die Stimme klang norddeutsch. Oberstleutnant Cropp stammte aus Hamburg, hatte dort Abitur gemacht. Auf meine Frage, ob er früher Bundeswehrkommandeur in Illkirch gewesen sei, reagierte der Mann merklich überrascht. Wer das wissen wolle und mit welcher Intention, fragte er zurück. Dann holte die Stimme vernehmlich tief Luft und sagte: »Vielleicht bin ich ja sein Bruder.« Fragen wollte er nur schriftlich per Mail beantworten. Dann legte er auf.

Die insgesamt 25 Fragen, die ich sowohl an die beim DAP hinterlegte Mail-Adresse als auch an Cropps Dienstadresse schickte, blieben unbeantwortet. Es kam auch keine Erklärung dafür, warum unter dem Namen »Cropp« ein Foto des früheren Illkirch-Kommandeurs auf der DAP-Seite stand.

Keine Erklärung für die Namensgleichheit und die Angaben zu angeblichen Berufen und Verbandsmitgliedschaften.

Nur eines: Unmittelbar nach dem Telefonat wurde Cropps DAP-Profil gelöscht. Aber (Stand 24. Juni 2021) auf der Seite *https://die-auswaertige-presse.de/mitglieder-1/cropp-wolf-ulrich-dr/* wurde ein Dr. Wolf-Ulrich Cropp aus Hamburg als Dipl.-Wirtschaftsingenieur, Schriftsteller und Journalist mit Passbild geführt. Handelt es sich bei dem Mann, Jahrgang 1941, um den Vater von Marc-Ulrich Cropp?

Ein zuvor gemachter Screenshot führte mich an einem sonnigen Freitagmorgen im November 2019 zu einer Adresse in Potsdam. Weil die Hausnummer fehlte, erwies sich die Suche als schwierig. Nach Stunden gab mir eine Nachbarin den entscheidenden Hinweis. »Oberstleutnant Marc-Ulrich Cropp? Der wohnt dort hinten, gleich hinter der Abzweigung.«

Das schlichte Haus in der Neubausiedlung war weiß gestrichen. Auf dem Rasen lagen in Plastikfolie eingeschweißte schwarze Dachziegel. Zwei Glasvitrinen mit orangefarbenen Kürbissen flankierten den Eingang. Nach dem Klingeln öffnete eine blonde Frau mit kurzem Pferdeschwanz die Tür und fragte: »Ja, bitte?«

»Ich suche Oberstleutnant Marc-Ulrich Cropp. Wohnt der hier?«, fragte ich.

»Ja, er wohnt hier. Aber er ist nicht da. Er ist bei der Arbeit«, antwortete die Frau.

»In Brüssel?«

»Ja. Vielleicht kommt er heute noch zurück. Aber wir wollen nicht mit Ihnen sprechen.« Abrupt schloss sie ohne Gruß die Tür. Ein Jagdhund lief zum Gartenzaun, richtete sich auf und kläffte.

Auf meine Nachfrage gab sich das Verteidigungsministerium bedeckt, verwies auf das Soldatengesetz. »Bitte haben Sie Verständnis, dass wir uns zu Einzelpersonalangelegenheiten nicht äußern. Gemäß Soldatengesetz (§29) sind Inhalte aus Personalakten strikt vertraulich zu behandeln und dürfen ohne Einwilligung der Soldatin/des Soldaten nicht weitergegeben werden«, hieß es in der Antwort eines Sprechers des Wehrressorts. Auch Fragen nach der neuen

Verwendung Cropps ließ das Ministerium unbeantwortet.

Die Fragen standen unbeantwortet im Raum: Warum tauchte Cropps Name mit Foto auf der DAP-Seite auf? Warum ließ Cropp die Möglichkeit ungenutzt, die Merkwürdigkeiten zu erklären? Hatte er etwas zu verbergen? Vielleicht seine Sympathie für rechtsnationale und völkische Ideen? Mit dieser Haltung stünde er nicht allein.

»Wann kommt endlich der Aufstand der Generäle?«, fragte der rheinland-pfälzische AfD-Fraktionsvorsitzende Uwe Junge, Oberstleutnant a. D., im Juli 2019 in einem Tweet. Es war seine Reaktion auf die Ernennung von Annegret Kramp-Karrenbauer zur neuen Verteidigungsministerin. Die Meinungsäußerung des Ex-Stabsoffiziers löste innerhalb von Minuten öffentlich eine Welle der Empörung aus. Wer als Bundeswehrangehöriger derartiges äußere, »distanziert sich maximal von den Werten und Normen, welche die Truppe alltäglich lebt und verteidigt«, sagte der SPD-Politiker Martin Haller über Junge und fragte nicht unbegründet: »Spricht er sich damit für einen Staatsstreich von Soldaten aus?«

Nicht zum ersten Mal sorgte ein ranghoher Offizier – vereidigt auf das Grundgesetz – für Schlagzeilen, weil er nicht entschieden gegen rechte, rassistische oder frauenfeindliche Exzesse in der Truppe vorging. Oder, wie im Fall Jung, sich selbst derart politisch exponierte. Als Paradebeispiel galt der ehemalige Brigadegeneral und Kommandeur des Kommandos Spezialkräfte (KSK) der Bundeswehr, Reinhard Günzel.

Er war im November 2003 ohne Dank vom Bundesverteidigungsminister in den vorzeitigen Ruhestand geschickt worden, nachdem er eine antisemitische Rede des CDU-Bundestagsabgeordnete Martin Hohmann, gehalten zum Tag der Deutschen Einheit 2003, ausdrücklich gelobt hatte. Und zwar auf Briefpapier der Bundeswehr, womit der Beifall offiziösen Charakter besaß. Günzel dankte dem Rechtsausleger für dessen »Mut zur Wahrheit«, er habe »der Mehrheit unseres Volkes eindeutig aus der Seele« gesprochen.

Hohmann saß seit 2017 für die AfD im Bundestag, nachdem er 2004 aus der CDU ausgeschlossen worden war. Günzel hielt nach seinem Rauswurf aus der Bundeswehr Vorträge in NPD-nahen Zirkeln und veröffentlichte umstrittene Bücher. Ein Gespräch Günzels mit dem neurechten Intellektuellen Götz Kubitschek erschien 2004 als Buch. Im Jahr darauf publizierte er »Geheime Krieger«, in dem er das KSK und seine Soldaten in die Tradition der Wehrmacht-Division »Brandenburg« stellte. Das war eine faschistische Terrororganisation des Oberkommandos der Wehrmacht, die vorzugsweise hinter den Linien operierte, aber auch in Afghanistan, im südlichen Afrika, im Nahen Osten und im Kaukasus eingesetzt worden war. Aufgrund öffentlicher Reaktionen auf diese Publikationen stellte das Verteidigungsministerium mit Verweis auf den Traditionserlass der Bundeswehr von 1982 klar: »Ein Unrechtsregime wie das Dritte Reich kann Tradition nicht begründen.« Und: »Traditionen von Truppenteilen ehemaliger deutscher Streitkräfte werden an Bundeswehrtruppenteile nicht verliehen.«

Im Juni 2019 veröffentlichte die AfD-Bundestagsfraktion ein bemerkenswertes Positionspapier. Titel: »Streitkraft Bundeswehr«. Politischer Sprengstoff fand sich im allerletzten Satz: »Die Bundeswehr baut eine eigene Militärjustiz auf.«

Eine unabhängige Militärgerichtsbarkeit schließt das Grundgesetz mit Blick auf die NS-Zeit explizit aus. Bemerkenswert war das Papier aber auch deshalb, weil an ihm mindestens ein ehemaliger General der Bundeswehr mitgewirkt hat: Walter Spindler, einst Chefausbilder des Heeres, im April 2017 vorzeitig von Verteidigungsministerin von der Leyen entlassen. Spindler war seinerzeit vorgeworfen worden, Ausbildern, die Soldaten als »genetischen Abfall« bezeichnet hatten, nicht entschieden genug entgegengetreten zu sein.

Als ich nachhakte, räumte Spindler ein, 2018 eine bezahlte Studie für den Arbeitskreis Verteidigung der AfD geschrieben zu haben. Die »Wortwahl in diesem Positionspapier« entspreche jedoch »nicht der von mir gewählten«, und es habe auch nur wenig mit seiner Studie zu tun, rechtfertigte er sich mir gegenüber.

Spindlers Abberufung und die vorangegangene Affäre um Franco A. lösten eine Debatte über den Korpsgeist in der Bundeswehr aus. So kommentierte etwa Wolf Poulet, zuletzt Oberst im Generalstabsdienst der Bundeswehr und nunmehr Geschäftsführender Direktor einer internationalen Beratungsfirma, am 4. September 2019 in der *Frankfurter Allgemeinen Zeitung*, »nicht alles, was die AfD sagt, ist falsch«. Zwar seien einzelne Forderungen wie die nach einer unabhängigen Militärjustiz ein »Unding«. Doch: »Das AfD-Papier lässt keine Zweifel daran aufkommen, dass die Arbeitsgruppe Verteidigung der Partei ohne Einschränkung zum konservativen Teil der AfD gerechnet werden kann und damit auf dem Boden der freiheitlich-demokratischen Grundordnung steht. Der ›Flügel‹ um rechtsradikale Vertreter wie Björn Höcke und Andreas Kalbitz verfügt in diesem Politikfeld offenkundig noch über keine nennenswerte Gestaltungskraft.«

Verteidigungsministerin von der Leyen hatte der Truppe ein generelles Haltungsproblem nachgesagt.

Die Staatsanwaltschaft stellte die Ermittlungen gegen Spindler wenig später mangels Beweisen ein.

Oberstleutnant a. D. Uwe Junge gab vor, er habe mit dem »Aufstand« nicht den bewaffneten Kampf gemeint, sondern verbalen Widerspruch. Ein weiterer Tweet Junges führte diese Erklärung allerdings ad absurdum. Im Dezember 2017 drohte er nach zwei von Asylbewerbern verübten Tötungsdelikten in Freiburg und Kandel: »Der Tag wird kommen, an dem wir alle [...] Befürworter und Aktivisten der Willkommenskultur im Namen der unschuldigen Opfer zur Rechenschaft ziehen werden.«

Auf Nachfrage ergänzte er, jeder, der Verantwortung trage, werde sich »für die Auswirkungen seines politischen Handelns eines Tages verantworten müssen!«

Die Wortwahl des AfD-Politikers mit dem beachtlichen Schnauzbart erinnert etwa an Aussagen der rechtsextremen Gruppierung »Nordkreuz« und anderer Ex-Soldaten, die in den bekannten Chat-Gruppen unterwegs waren und sind. Sätze wie diese waren durchaus als Drohung zu verstehen. Als eine solche war sie vermutlich auch gedacht.

7. Kapitel

AMRI

Geheime Treffen waren unerlässlich. Manchmal sprudelten Quellen in Garagen, manchmal auf Parkplätzen, dann wieder im Wald. Smartphones, Kameras und Mikrofone waren nie dabei. Ohne Einhaltung dieser Bedingungen hätte kein Gespräch stattgefunden. Viele Informanten hatten Angst. Einige fürchteten um ihre Karriere, manche um ihr Leben. Dirk Friedriszik erwies sich als guter Zuhörer, als ein vertraulicher Empfänger gefährlicher Nachrichten. Er brachte Menschen zum Reden, die sich sonst nur ungern anderen gegenüber öffneten, und er schützte sie durch Verschwiegenheit. Das war eine Kunst. Seine Kunst. Die vernommenen Mitteilungen der namenlos gebliebenen Informanten bestätigten Andeutungen und Hinweise in offenen Berichten, Protokollen und Vermerken sowie Informationen in Ausschusssitzungen. Sie fügten sich als Mosaiksteinchen zu einem Bild.

Nicht jeder, der reden müsste, tut es. Mancher war eingeschüchtert, stand unter Druck, gefesselt von disziplinierendem Korpsgeist und drohender Denunziation. Einer der Männer, T. S., ein Verfassungsschützer, der nicht mehr reden wollte, müsste es eigentlich dringend tun. Er hatte mehr als sein halbes Leben im islamistischen Milieu Aufklärungsarbeit geleistet. Das machte mürbe und müde. Seine Polizeilaufbahn begann Ende der achtziger Jahre im Westteil Berlins. Vier Jahre war er im mittleren Dienst für die Schutzpolizei tätig. Nach der Vereinigung ließ er sich nach Mecklenburg-Vorpommern versetzen. Aus persönlichen Gründen, betonte er. Er kam zum Mobilen Einsatzkommando (MEK), später bewarb er sich als verdeckter Ermittler. Die Spezialausbildung erhielt er beim Bundeskriminalamt.

Schnell wurde den Vorgesetzten bewusst, dass der Mann besser als der Durchschnitt war: Er besaß Gespür für Menschen und Situationen. So stieg er in den gehobenen Dienst auf. Die Spezialaufträge im Milieu waren zeitaufwändig und für seine Abteilung kostenintensiv. Er arbeitete mit zahlreichen falschen Identitäten und immer neuen Legenden, lebte in Parallelwelten. Jahrelang sah er keine Dienststelle von innen. 2001, nach Nine-Eleven, versetzte man ihn in die Abteilung 5 des Innenministeriums in Schwerin. Das ist das Landesamt für Verfassungsschutz: fünf Referate mit über hundert Dienstposten.

Die Grenzen zwischen Polizei und Inlandsgeheimdienst seien in Mecklenburg-Vorpommern fließender als anderswo, monierten Kritiker, im Bundesland werde das im Grundgesetz verankerte Trennungsgebot von Polizei und Nachrichtendiensten nur wenig beachtet. Die Mitarbeiter kannten sich, tauschten sich auf den Behördenfluren aus, wechselten zwischen Polizeidienst und Verfassungsschutz hin und her. Das änderte sich auch nicht beim Amtsantritt von Innenminister Lorenz Caffier 2006. Und als im April 2009 der aus NRW stammende Referatsleiter der Abteilung Polizei Reinhard Müller die Leitung des Landesamtes übernahm, setzte sich das enge Miteinander fort, man kann auch sagen: Es entwickelte sich weiter.

Unter Müllers Vorgänger im Amte von 2002 bis 2009, Jürgen Lamprecht, hatte jener Mann, der uns interessiert, die Fachabteilung im Phänomenbereich Islamistischer Terrorismus aufgebaut. Im Dezember 2004 war dieser T. S. maßgeblich beteiligt an der Vereitelung eines Anschlags auf Iraks Regierungschef Ijad Allawi in Berlin. Drei Mitglieder der irakischen Terrorgruppe Ansar al Salam waren damals festgenommen worden. Er selbst sagte später als Zeuge vor Gericht aus. Schwerins Innenminister Gottfried Timm (SPD) würdigte öffentlich das vorbildliche Verhalten des Mannes, der unter den Kollegen im Verfassungsschutz auffiel, deutlich herausragte. Als Mitarbeiter im Schweriner Innenministerium führte er V-Männer im militant-islamistischen Milieu, in Berlin ebenso wie in seiner Wahlheimat Mecklenburg-Vorpommern. Er arbeitete erfolgreich auch in der Salafisten-Szene. Zwei Mal wurde er für seinen erfolgreichen Dienst belobigt.

Ein deutscher Beamter, wie ihn sich jeder Vorgesetzte wünschte: Als Person nahm er sich stets zurück und diente dem Staat, möglichst geräuschlos und perfekt, um Schaden von ihm abzuwenden. Ein selbstloser Idealist, wie es sie kaum noch gab. Darum legte er seine Zurückhaltung ab, als ihn sein Wissen zunehmend bedrückte – er wandte sich an die Bundesanwaltschaft. Seine Informationen ließen an der Korrektheit der offiziellen Darstellung zweifeln, dass Anis Amri als Einzeltäter unterwegs gewesen sein soll.

Da war zum Beispiel die Mitteilung seiner Quellen, dass Amri unbedingt einen Lastwagen habe besorgen sollen, der nicht von einem Deutschen zuvor gefahren worden war. – Der ermordete Fahrer des gestohlenen Trucks war bekanntlich der polnische Staatsbürger Lukasz Urban.

Quellen kannten die Fahrtstrecke vom Moabiter Friedrich-Krause-Ufer – wo der Sattelschlepper gekapert wurde – bis zum Breitscheidplatz, wussten, von welcher Seite der Weihnachtsmarkt angefahren werden sollte, berichteten von Treffpunkten in Berlin und von Kontaktpersonen.

Und der Schweriner Verfassungsschützer T. S. hatte ferner aus der Szene erfahren: Anis Amri war weder ein islamistisch motivierter Attentäter noch ein »einsamer Wolf«, eher handelte er als ein »nützlicher Idiot« für andere, die die Strippen gezogen hatten. Der Tunesier sei nicht vom Glauben, sondern vom großen Geld motiviert gewesen. Eine arabische Großfamilie aus Berlin-Neukölln solle ihm sehr viel Geld in einer großen Tasche übergeben haben, damit er diesen bewussten Anschlag ausführte. Sie hätten ihm zudem ein Versteck und ein Fluchtfahrzeug versprochen. Ein schwarzer Wagen sollte ihn nach Holland bringen, hatte es geheißen. In diesem Kontext tauchte auch der Name Bilel Ben Ammar auf. Die Quellen informierten, dass es Fotos gebe, die den Tunesier im Kreis jener arabischen Großfamilie in Neukölln zeigten.

Es mehrten sich für T. S. die Hinweise, die darauf schließen ließen, dass Amri an dem Verbrechen allenfalls mittelbar beteiligt war. Aufgrund von Quellen-Aussagen äußerte der Verfassungsschützer seine Vermutung, Amri sei bereits am Hardenbergplatz aus dem Fahrerhaus ausgestiegen. Das würde auch erklären, warum ihn sechs Minuten nach dem Anschlag eine Kamera erfasst hatte, als er in Richtung Breitscheidplatz lief – und nicht, was logisch gewesen wäre, vom Tatort flüchtete.

Amri habe, so wurde vermutet, einen Beweis am Tatort hinterlegen sollen, dass er am Anschlag beteiligt gewesen war, um seine Auftraggeber zur Zahlung des versprochenen Geldes zu veranlassen. Das erklärten mehrere Quellen übereinstimmend. Der Beleg seiner angeblichen Tatbeteiligung schien sein Handy gewesen zu sein, das die Beamten von der Spurensicherung an der Außenseite des Sattelschleppers im Kühlergrill gefunden hatten. Eine Quelle sagte wörtlich: »Amri hat bewusst Spuren als Täter gelegt, da er als Täter gelten wollte, um seine Bezahlung für den Anschlag zu kassieren.«

Insgesamt acht Hinweise präsentierte T. S. wenige Monate nach dem Berliner Anschlag seinen Vorgesetzten in Schwerin in der festen Überzeugung, dass diese die Ermittlungsbehörden, allen voran die federführende Bundesanwaltschaft, einen großen Schritt voranbringen werden. Doch enttäuscht musste er zur Kenntnis nehmen, dass so gut wie nichts geschah. Zumindest nicht für ihn erkennbar. Und der engagierte Verfassungsschützer fragte sich, ob es Gründe für die Inaktivität des Schweriner Sicherheitsapparates gebe. Und warum beispielsweise Bundesinnenminister Horst Seehofer auf der Pressekonferenz im Februar

2018 explizit Bilel Ben Ammars Tatbeteiligung ausschloss – über den Quellen ihm berichtet hatten, dass jener ein Doppelagent sei. 2013 soll Ammar im Auftrag eines auswärtigen Dienstes nach Deutschland gekommen sein, um unter Flüchtlingen mutmaßliche Islamisten ausfindig zu machen. Um sie zu reaktivieren oder zu rekrutieren? Das Bundesamt für Verfassungsschutz bekam davon Wind und stellte Bilel Ben Ammar vor die Alternative: Entweder kooperierte er mit dem deutschen Geheimdienst – oder er werde abgeschoben. Ben Ammar nahm offenkundig das Angebot an, er blieb jedenfalls in Deutschland.

Die Quellen behaupteten zwar, dass Ben Ammar über die Anschlagpläne informiert gewesen sei, aber ob er im Sattelschlepper gesessen habe, als dieser in den Weihnachtsmarkt raste, konnten sie nicht sagen. Ausschließen hingegen wollten sie es auch nicht.

Im März 2021 informierte das Institut für Rechtsmedizin des Universitätsklinikums Schleswig-Holstein über ein forensisches Gutachten, das es im Auftrag des Amri-Untersuchungsausschusses des Bundestags erstellt hatte. Die Wissenschaftler hatten die DNA-Spuren an der Pistole, mit der Amri den polnischen Lkw-Fahrer erschossen haben soll, und die in der Fahrerkabine des Sattelschleppers aufgefundenen DNA-Spuren untersucht. Die Resultate nährten eher Zweifel an der bisherigen Theorie als dass sie diese ausgeräumt hätten. Generell sei aufgrund der DNA-Spuren ein anderer Ablauf des Attentats als der in der Öffentlichkeit angenommene »nicht ausschließbar«, bilanzierten die Forensiker. Ob die bei Amri gefundene Pistole tatsächlich die Tatwaffe gewesen sei, müsse infrage gestellt werden. Und: Mit Blick auf den mutmaßlichen Fahrer Amri sei »nicht ableitbar, dass eine bestimmte Person den Lkw gefahren« habe. Er, also Amri, könne sich auch lediglich als Beifahrer in der Fahrerkabine aufgehalten haben. Denn: Eine zweite Person, im Gutachten als »UP2« bezeichnet, habe »in vergleichbarem Ausmaß DNA-Spuren im Lkw-Führerhaus hinterlassen wie Amri«. Es sei daher »grundsätzlich nicht auszuschließen bzw. verglichen mit Amri nicht weniger oder mehr plausibel, dass UP2 den Lkw gefahren haben kann«.

Unabhängig von der Frage, ob nun Amri hinterm Lenkrad gesessen hatte oder nicht, war damit gesagt, dass mit großer Wahrscheinlichkeit Amri nicht allein und folglich kein Einzeltäter gewesen war. Möglich sogar auch, dass Amri nicht einmal im Tatfahrzeug gesessen und geschossen haben muss.

Der Hinweis der Forensiker, dass der Anschlag anders abgelaufen sein könnte, als bislang angenommen, stärkte die Vermutung, dass mit dem Doppelagenten Bilel Ben Ammar ein Mann des Bundesamtes für Verfassungsschutz aktiv an dem Massaker beteiligt gewesen sein könnte – jener Mann, der im Februar 2017 nach Tunesien abgeschoben worden und nun nicht mehr zu greifen war. Diese Theorie hatte Potenzial für eine Staatskrise, sollte sie sich denn als zutreffend erweisen. Das wiederum erklärte, weshalb von Staats wegen an der These vom Einzeltäter festgehalten wurde, festgehalten werden musste.

Reinhard Müller, Chef des Inlandsgeheimdienstes von Mecklenburg-Vorpommern, gab nur eine der acht Informationen von T. S. an das Bundesamt für Verfassungsschutz weiter, die vermeintlich schwächste von einer »Bekanntschaft in Berlin-Neukölln« – obwohl jede einzelne Information für sich genau jenes Puzzleteil hätte sein können, nach dem Bundeskriminalamt und Bundesanwaltschaft fieberhaft suchten. So wissen denn bis heute die Ermittler nicht, auf welche Weise und auf welchem Wege Amri die Hauptstadt nach dem Anschlag verlassen hat. Ob er Hilfe erfuhr und/oder wer ihn dabei unterstützt hat. Ganz zu schweigen von einer Anstiftung durch Dritte und ob Geld geflossen war.

Gut drei Jahre lang passierte nichts.

Im Herbst 2019 wandte sich Quellenführer T. S. direkt an die Bundesanwaltschaft und trug in einem dreiseitigen Brief seine Erkenntnisse vor. Kopien des Schreibens gingen an weitere deutsche Sicherheitsbehörden, eine davon auch an den Schweriner Innenstaatssekretär Thomas Lenz (CDU).

Im November 2020 wurde T. S. vor den Untersuchungsausschuss des Bundestages geladen.

Im Vorfeld berichteten einige Medien darüber, der Zeuge S. sei Mitglied des Tempelherrenordens, eine Urkunde weise ihn als dessen Vizekanzler aus. Der Orden war von Kreuzrittern in Jerusalem gegründet und nach zweihundert Jahren vom Papst aufgelöst worden. Danach entstanden viele Organisationen, die sich auf die Templer beriefen. Auch sein Verein, in dem sich – wie T. S. erklärte – viele honorige Männer befänden, die sich in Freimaurerlogen oder ähnlichen Orden engagierten. Mit neurechten Vereinigungen wollte er nichts zu tun haben, ihm gehe es um Recht und Ordnung.

Sein Ruf aber schien beschädigt, ehe er auch nur ein einziges Wort vor dem Ausschuss vorgetragen hatte. Und das vermutlich war auch der Sinn der »Enthüllung«. T. S. sollte als Zeuge unglaubwürdig gemacht werden: Selbst wenn er damit nicht in die »rechte Ecke« gestellt werden konnte, so galt er nun als ein unseriöser Spinner. Wer Mythen und Mysterien folgte, war nicht ganz dicht. Indiana Jones ließ grüßen ...

T. S. erlebte nicht zum ersten Mal in seinem beruflichen Umfeld herablassende Ausgrenzung, er war auch in der Vergangenheit von Kollegen im Dienst gemobbt worden. Bereits 1987, zu Beginn seiner Dienstzeit als Schutzpolizist in Berlin. T. S. arbeitete damals für eine Spezialtruppe in Berlin-Kreuzberg, die sich *Einheit für besondere Lagen und einsatzbezogenes Training* (EbLT) nannte. Die Bildung dieser Truppe war eine Reaktion auf die Mai-Krawalle jenes Jahres. Immer wieder lösten die teils rabiaten und rücksichtslosen Methoden der Einheit im Umgang mit gewalttätigen Demonstranten Proteste in der Öffentlichkeit aus. Im Januar 1989 war darum die Einheit aufgelöst worden.

Dazwischen lag ein Strafprozess, den T. S. durch seine Aussagen gegen Kollegen maßgeblich beeinflusst hatte. Er war Zeuge geworden, als ein Student von Polizeibeamten stark misshandelt wurde. Später waren dem bewusstlosen Demonstranten Pflastersteine untergeschoben worden, mit denen er angeblich die Polizei beworfen haben sollte. Nach reiflicher Überlegung wandte sich T. S. an die Berliner Staatsanwaltschaft, widersprach dieser Behauptung und löste dadurch einen Skandal aus. Was dann folgte, lässt sich denken. Zwar wurde keiner der angeklagten Kollegen verurteilt, doch die Vorgesetzten setzten alles daran, S. loszuwerden. »Jetzt erlebe ich Mobbing und Diskreditierung im Zusammenhang mit dem Anschlag auf dem Breitscheidplatz noch einmal. Das belastet mich sehr.« Über die Sache von 1987 dürfe er jedoch sprechen, sagte er. Damals hätten alle Zeitungen darüber berichtet.

S.s Befragung durch den Amri-Untersuchungsausschuss des Bundestages erfolgte im vertraulichen Teil der Sitzung, Aussagen blieben für die Öffentlichkeit geheim, ebenso vorgelegte Memos, Treffprotokolle, Ortsskizzen, Vermerke und Briefe. Doch anhand von Hintergrundgesprächen und öffentlichen Aussagen von Ausschussmitgliedern ließ sich anschließend ein relativ deutliches Bild zeichnen. Es bestätigte die Vermutung, dass die offizielle Darstellung nicht die tatsächlichen Vorgänge widerspiegelte. Den Bundestagsabgeordneten im Ausschuss wurde zunehmend bewusst: Die These vom Einzeltäter Anis Amri ließ sich so wenig aufrecht erhalten wie die Behauptung von BfV-Präsident Hans-Georg Maaßen, der Fall Amri sei eine ausschließliche Polizei-Angelegenheit.

Und: Die Glaubwürdigkeit des Zeugen T. S. sahen die Ausschussmitglieder keineswegs kritisch. Über Fraktionsgrenzen hinweg wurde ihm höchste Integrität, Zuverlässigkeit und Professionalität bescheinigt.

Warum aber waren wichtige Angaben von T. S.s Vorgesetzten nicht vollständig weitergegeben worden, wollten die Ausschussmitglieder von P. G. wissen, dem Referatsleiter von T. S. und A. B., die die Quellen des

Verfassungsschutzes in Berlin führten. Ihm seien die Details nicht bekannt gewesen, erklärte er zunächst, dann räumte er ein, dass er die Glaubwürdigkeit von T. S. infrage gestellt und darum – in Abstimmung mit der Hausspitze – entschieden habe, die Informationen unter Verschluss zu halten.

Diese selbstherrliche und keineswegs mit Sachkenntnis gefällte Entscheidung löste bei den Mitgliedern des Untersuchungsausschusses Kopfschütteln und Unverständnis aus. Zumal es auf Anweisung des Referatsleiters P. G. zu weiteren Treffen mit den Quellen kam, bei denen die ursprünglichen Angaben bestätigt wurden. Auch in diesen Fällen wurde so verfahren. Fast schien es, als wäre es der Dienststelle weniger um Informationsgewinnung, sondern lediglich um Beschäftigung der Kollegen T. S. und A. B. gegangen. Den beiden wurde zudem ein Maulkorb verpasst. Ihnen wurde ausdrücklich untersagt, etwas über diese Treffen aufzuschreiben. Warum?

Die Bundesanwaltschaft hatte unmittelbar nach dem Anschlag in Berlin alle zugänglichen Dokumente von Behörden in ganz Deutschland angefordert, die im Kontext zum Breitscheidplatz standen. Wieso kam man ausgerechnet in Schwerin der Forderung nicht oder nur eingeschränkt nach? Und weshalb erfuhr davon der Bundestag erst Jahre später?

Am 5. März 2021 sagte T. S. erneut aus, diesmal im geheimen Teil des Amri-Untersuchungsausschusses des Berliner Abgeordnetenhauses. Er präsentierte dort sein Wissen über den Anschlag. Er berichtete über die angeblichen Fotos von Ben Ammar im Kreis der arabischen Clan-Familie aus Berlin-Neukölln.

Und er schockierte die Abgeordneten mit der Aussage der Clan-Familie: »Beim nächsten Mal machen wir es besser.«

SPD-Obmann Frank Zimmermann wurde anschließend mit dem Satz zitiert: »Die Einzeltäter-Theorie ist damit wohl endgültig hinfällig.«

8. Kapitel

VZ. 58

Am 8. Februar 2021 schickte eine Schweriner Anwältin eine sechsseitige Strafanzeige an Generalbundesanwalt Peter Frank. Die Juristin handelte im Auftrag von Dirk Friedriszik. Die oberste deutsche Strafverfolgungsbehörde sollte nach dem Willen des SPD-Politikers Ermittlungen aufnehmen – gegen das Landesamt für Verfassungsschutz in Mecklenburg-Vorpommern, »insbesondere gegen die im Sachverhalt genannten Verantwortlichen«. Im Fokus standen Reinhard Müller, Chef der Schweriner Landesamtes, und Innenstaatssekretär Thomas Lenz (CDU), sein Vorgesetzter. Der Gegenstand: »staatsgefährdende Delikte«.

Den Eingang des Schreibens bestätigte die Bundesanwaltschaft der Schweriner Juristin nach schriftlicher Aufforderung erst Wochen später – und dann auch nur telefonisch.

Fast fünfzehn Jahre lang regierte zu diesem Zeitpunkt in Mecklenburg-Vorpommern eine große Koalition unter Führung der SPD. Dass ein sozialdemokratischer Landtagsabgeordneter hochrangige Mitarbeiter eines vom Koalitionspartner CDU geführten Ministeriums bezichtigte, staatsgefährdend zu handeln, war irritierend und dürfte bis dahin ein einmaliger Vorgang in der Geschichte des Bundeslandes sein. Die erhobenen Beschuldigungen waren prekär und bedurften einer sorgfältigen Prüfung. Von einer abgesägten doppelläufigen Schrotflinte war in der Anzeige die Rede und von einer tschechischen Maschinenpistole (Typ Samopal vzor 58, besser bekannt als vz. 58 oder CZ 58). Die Tschechoslowakei rüstete ihre Truppen mit selbstentwickelten Waffen aus eigener Produktion aus. Äußerlich glich die MPi der sowjetischen Kalaschnikow, und beide verfeuerten die gleiche Munition, aber der Aufbau unterschied sich.

Friedriszik bezog sich in seiner Anzeige auf eine öffentliche Sitzung des Innenausschusses im Schweriner Landtag am 11. Dezember 2020. Auf Nachfrage mehrerer Ausschussmitglieder mussten Müller und Lenz vor den Abgeordneten zugeben, dass die Gerüchte über den Ankauf der beiden Schusswaffen nicht nur Gerüchte seien. Nach Aussage der beiden leitenden Beamten erwarben 2013 Mitarbeiter des Landesamtes für Verfassungsschutz Schrotflinte und Maschinenpistole von einem Waffenhändler. (Quellen berichteten später, dieser sei ein islamistischer Terrorist aus Wismar gewesen.)

Die abgesägte Schrotflinte sei schussfähig, bei der Maschinenpistole der Schlagbolzen defekt gewesen. So zumindest erklärten es 2021 übereinstimmend mehrere Informanten bei geheimen Treffen. Sie widersprachen auch der offiziellen Darstellung. Mit der Schrotflinte hätten Beamte im Landesamt für Verfassungsschutz geschossen. Der Verschluss der tschechischen Waffe sei zwar mit einem Schweißpunkt versehen gewesen, doch mit nur wenigen Handgriffen hätte auch die MPi schussfähig gemacht werden können. Müller und Lenz behaupteten nämlich, die vz. 58 sei eine unbrauchbare Dekorationswaffe mit insgesamt acht Bohrungen im Lauf gewesen. Die Löcher, so sagten die Informanten, seien frühestens 2019 gebohrt worden.

Der angeblich nutzlose Zustand der Waffen ist nicht die einzige Ungereimtheit. Auch dem von Müller und Lenz behaupteten Zeitpunkt des Waffenkaufes widersprachen die Informanten. Schrotflinte und Maschinenpistole seien nicht etwa 2013 angekauft worden, sondern etwa acht Wochen vor den Terroranschlägen in Paris Mitte November 2015. Damals starben etwa im Club Bataclan, in Restaurants und Bars im Kugelhagel mehrerer Kalaschnikow 130 Menschen, und mehr als 350 wurden verletzt.

Quellenführer, so war der Ankauf der Waffen zu interpretieren, wollten beweisen, dass ihre Informanten aus der salafistischen Szene nicht nur prahlten, sondern sich tatsächlich bewaffnen könnten. Dieser Vorgang war eingebettet in eine auch 2021 noch laufende Aktion deutscher Geheimdienste zum Ausspähen militanter Islamisten in Deutschland. Die Aktion wechselte immer wieder ihren Namen. Einer davon lieferte einen möglichen Hinweis auf eine mutmaßlich tschetschenische Herkunft des Waffenhändlers. Immer wieder waren bekanntlich Tschetschenen in islamistisch motivierte Terroranschläge verwickelt, etwa im Mai 2018, als in Paris der 21-jährige Khamzat Azimow auf ein halbes Dutzend Passanten mit dem Messer einstach. Erinnert sei auch an den Bombenanschlag beim

Boston Marathon im April 2013: Die Gebrüder Zarnajew waren tschetschenischer Herkunft, sie hatten um politisches Asyl in den USA nachgesucht ...

Die deutschen Nachrichtendienste wollten also aufklären, wer wem Waffen lieferte, wie das Geld floss, wo die Hintermänner saßen. Dafür griffen sie offenbar auch zu unorthodoxen Mitteln, indem sie selbst illegal Waffen ankauften. Die Quellenführer aus Mecklenburg-Vorpommern erfuhren im Spätsommer 2015, dass die tschechische MPi aus einer größeren Waffenlieferung stammte, die für islamistische Terroristen bestimmt war. Eile wäre deshalb eigentlich geboten. Nach einem konspirativen Treffen mit den Verbindungsleuten, bei dem sich Müller Maschinenpistole und Schrotflinte hatte zeigen lassen, stoppte er jedes weitere Waffengeschäft und ordnete die Beendigung der Aktion an. Nach Ansicht seiner Mitarbeiter sei dies ein fataler Fehler gewesen, denn sie seien davon überzeugt gewesen, dass der fortgesetzte Ankauf von Waffen durch V-Männer aus der salafistischen Szene blutige Anschläge mit vielen Toten hätte verhindern können, weil damit die Aufklärung vorangetrieben worden wäre.

Der Kauf der Schrotflinte und der Maschinenpistole wurde zu allem Überfluss nicht, wie es Vorschrift war, an das Bundesamt für Verfassungsschutz gemeldet. Die heiße Ware verschwand für lange Zeit in entlegenen Winkeln des Schweriner Innenministeriums, zwischen 2015 und 2017 lag sie gar im Schreibtisch eines Mitarbeiters. Erwerb und Verwahrung von Waffen fallen ausdrücklich nicht in den Aufgaben- und Zuständigkeitsbereich des Inlandsgeheimdienstes.

Die Aufgabe der Verfassungsschützer besteht im Sammeln personenbezogener Daten von Verdächtigen – kontrolliert durch parlamentarische Aufsichtsgremien. (Dass man sich dabei auch nicht an Recht und Gesetz hielt, machte im Frühsommer 2021 das LfV Sachsen bewusst: Dort hatten, wie zufällig bekannt wurde, die Dresdner Verfassungsschützer den Wirtschaftsminister und Vize-MP Martin Dulig, SPD, ausgespäht.)

Müller und Lenz bedienten sich in Schwerin einer juristischen Krücke. Vor mehreren Parlamentsausschüssen beharrten sie darauf, dass die tschechische Maschinenpistole eine unbrauchbare Dekorationswaffe gewesen sei, mithin hätten sie nicht gegen geltendes Recht verstoßen. LfV-Chef Müller nannte in öffentlicher Sitzung des Innenausschusses die doppelläufige Jagdwaffe ein »verrostetes Ding«, das nicht mehr zu gebrauchen gewesen sei. Eine von Friedrisziks Quellen widersprach: »Die Schrotflinte schießt ganz sicher.«

Friedriszik hatte in seiner Anzeige den Verdacht geäußert, dass beide Schussgeräte dem terroristischen Milieu zuzuordnen seien. »Entsprechende Waffen wurden bei den Anschlägen von Paris vom 13./14. 11. 2015 verwendet. Es besteht eine hohe Wahrscheinlichkeit, dass die Waffen aus dem gleichen Waffenpool stammen.« Die Hintergründe hätte das Landesamt für Verfassungsschutz Mecklenburg-Vorpommern entweder selbst weiter untersuchen oder an die Strafverfolgungsbehörden abgeben sollen, »oder doch zumindest die vorhandenen Informationen an das Bundesamt für Verfassungsschutz weiterleiten müssen«. Dies sei aus unerfindlichen Gründen unterblieben, hieß es in Friedrisziks Anzeige.

Der Schluss muss nicht falsch sein, dass potentielle islamistische Gewalttäter aus dem Raum Wismar in irgendeiner Weise mit den blutigen Anschlägen von Paris verbunden gewesen sein könnten. Unterließen es das Innenministerium und der Inlandsgeheimdienst von Mecklenburg-Vorpommern einzugreifen? Auch dieser Gedanke drängte sich auf. Hatten sie sich schuldig gemacht? In der von der Schweriner Juristin formulierten Anzeige an die Bundesanwaltschaft war die Vermutung so formuliert: »Mein Mandant vertritt die Auffassung, dass bereits der Erwerb der vorgenannten Waffen erhebliche Pflichtverstöße begründet.« In der fehlenden Prüfung und Auswertung der vorhandenen Informationen sehe ihr Mandant »die Begünstigung terroristischer Aktivitäten«.

Gleiches gilt nach Friedrisziks Ansicht auch für den Fall Anis Amri und den Anschlag auf den Berliner Breitscheidplatz. Hätten die Schweriner Institutionen vorschriftsmäßig gehandelt, so Friedriszik, hätte der Terrorakt »möglicherweise verhindert werden können«. Müller und Lenz hätten der »Durchführung dieser Terroranschläge Vorschub geleistet und den Feinden freiheitlich demokratischer Grundordnungen Raum für hassmotivierte Aktivitäten gegeben«.

Das waren heftige Anschuldigungen.

Verfassungsschutzchef Reinhard Müller stand am 26. November 2020 im Europasaal des Bundestages dem Amri-Untersuchungsausschuss zu den dubiosen Waffenkäufen Rede und Antwort. Sein Auftritt galt auch noch Monate später als verstörend. Die Ausschussmitglieder hatten im Vorfeld der Sitzung aus Medienberichten – initiiert von Friedriszik – vom

Ankauf eines Sturmgewehrs durch Schweriner Verfassungsschützer erfahren. Quellenführer und Zeuge A. B. hatte den Ausschussmitgliedern die brisante Information offenbar ebenfalls bestätigt – so zumindest sickerte es nach dessen geheimer Befragung durch.

Müller sagte aus, dass er sich mit zwei Quellenführern in einer konspirativen Wohnung getroffen habe. Dort hätten sie ihm die tschechische Maschinenpistole vom Typ vz. 58 präsentiert. Vor den Ausschussmitgliedern habe sich Müller in Rage geredet, als es um die vermeintliche Unbrauchbarkeit der Schnellfeuerwaffe gegangen war. Er habe den Quellenführern sagen müssen, »dass es überhaupt keinen Sinn macht, eine Dekowaffe zu beschaffen, wenn man islamischen Terrorismus bekämpfen will«.

Mit dieser Aussage und aufgrund der Heftigkeit seiner Ausführungen weckte Müller vermutlich das Misstrauen des Ausschusses. Er wurde gefragt, ob er wisse, dass eine baugleiche Waffe bei der Geiselnahme auf einen koscheren Supermarkt im Januar 2015 in Paris zum Einsatz gekommen sei – zwei Tage nach den Anschlag auf die Redaktion des Satiremagazins *Charlie Hebdo*. Auf Müllers Nachfrage, ob das im Supermarkt eine echte oder eine Dekowaffe gewesen sei, reagierte Martina Renner von der Linkspartei ungehalten: »Jetzt kommt der Hammer: eine Dekowaffe.«

»Durch eine Dekowaffe ist noch niemand erschossen worden«, sagte Müller daraufhin.

Da irrte Müller. Immer wieder starben Menschen an angeblichen Dekowaffen, weil diese oft mit wenigen Handgriffen wieder funktionstüchtig gemacht werden können. So etwa am 22. Juli 2016, als ein 18-jähriger Deutschiraner im Olympia-Einkaufszentrum in München neun Menschen erschoss. Die Pistole hatte der junge Mann übers Internet als »Dekowaffe« aus der Slowakei erworben; der Darknet-Portalbetreiber wurde anschließend zu sechs Jahren Haft wegen fahrlässiger Tötung und Körperverletzung sowie Beihilfe zu Waffen- und Drogendelikten verurteilt. Nicht nur auf der politischen Ebene wurde danach das Thema »ehemalige Schusswaffen, die unschädlich gemacht wurden«, debattiert. Während in Deutschland veränderte Waffen nicht rückbaufähig sein dürfen, waren die Regelungen in Osteuropa nach Angaben des bayerischen Landeskriminalamtes bis 2014 nicht besonders streng.

Statt sein eigenes Handeln selbstkritisch zu hinterfragen, machte sich Müller im Ausschuss über seinen Quellenführer S. lustig. Dieser habe unablässig nach Waffenlagern von Islamisten in Mecklenburg-Vorpommern gesucht, er sei »Spekulationen« und »Mutmaßungen« nachgegangen, »völlig überdreht«. Depots mit Munition und Kriegswaffen in MV? Das sei unvorstellbar.

Da allerdings musste ihn der Ausschuss daran erinnern, dass Waffenlager im Nordosten Deutschlands seit 2017 die Bundesanwaltschaft in Karlsruhe beschäftigten, etwa die sogenannten *Safehouses* der rechtsextremistischen Terrorgruppe »Nordkreuz«.

Müllers Miene verfinsterte sich.

Er konnte sich auch nicht erinnern, wo genau die tschechische Maschinenpistole in all den Jahren in seiner Behörde aufbewahrt worden war. Bekanntlich tauchte sie erst wieder auf, als T. S. die Bundesanwaltschaft eingeschaltet hatte. Das war 2019. Nach einer Untersuchung im Landeskriminalamt verlor sich dort aber erneut ihre Spur. (In seinem sehr umfangreichen Statement von Staatssekretär Thomas Lenz am 11. Dezember 2020 hieß es mit Verweis auf eine am Vortag verbreitete Pressemitteilung zur angeblich »verschwundenen Kalaschnikow«: »Die Dekowaffe ist derzeit beim LKA eingelagert.«)

Die Vorgänge rund um diesen Waffenankauf erinnerten fatal an die Verwirrung im Fall Anis Amri: bagatellisieren, verwischen, verschleiern, verdrängen, vergessen. Die Verantwortlichen in Mecklenburg-Vorpommern handelten unverantwortlich, indem sie Erkenntnisse zurückhielten und verschwiegen und Spuren beseitigten oder beseitigen wollten. Angeblich sollte die Maschinenpistole vernichtet werden.

Der zweite hochrangige Staatsbedienstete, den Friedriszik in der Anzeige an die Bundesanwaltschaft bezichtigte, staatsgefährdende Delikte begünstigt zu haben, war Innenstaatssekretär Thomas Lenz. Auch er sagte am 26. November 2020 vor dem Amri-Untersuchungsausschuss des Bundestages aus. Kurz vor Mitternacht erklärte der CDU-Mann, es sei »fachlich noch vertretbar« gewesen, die Informationen über Anis Amri nicht vollständig weiterzuleiten. Dennoch nannte er es einen Fehler, sie zurückgehalten zu haben.

Dann arbeitete er sich – wie schon LfV-Chef Müller zuvor – an Quellenführer T. S. ab. Diesen hatte man 2017 ins Landeskriminalamt in den Innendienst abgeschoben. Seitdem war einer der besten Profi-Ermittler der deutschen Inlandsgeheimdienste und exklusiver

Kenner arabischer Clan-Strukturen für die Verwaltung von Dienstfahrzeugen zuständig.

Staatssekretär Lenz behauptete, T. S. habe »ein paar James-Bond-Filme zu viel« gesehen. Man könne ihm zwar »einen großen Dienst« zuschreiben – womit die Vereitelung eines Terroranschlages 2004 in Berlin gemeint war –, doch Lenz betonte das Wort derart, dass auch dem Letzten im Raum klar wurde, dass er die Heldentat dieses Mannes eher dem Zufall als dessen Können zuschrieb, weshalb S.s beispielhafter Einsatz ohne Wiederholung geblieben sei.

Nach der Sitzung rieben sich Ausschussmitglieder ungläubig die Augen. Wie konnte es sein, dass ein Staatssekretär zwar eigene Fehler einräumte, dann aber den Whistleblower, der diese Fehler aufdeckte, öffentlich bloßstellte und der Lächerlichkeit preisgab?

Grünen-Bundestagsabgeordnete Irene Mihalic sagte: »Mich lässt das fassungslos zurück.« Benjamin Strasser von der FDP forderte die sofortige Entlassung von Lenz aus dem Dienst.

Doch der Staatssekretär, der im Juli 1990 als Berater aus Westdeutschland dreißigjährig nach Schwerin gekommen war, blieb. Und am 11. Dezember 2020 trug er auf der Sitzung des Innen- und Europaausschusses in Schwerin wortreich seine Sicht auf die Vorgänge im Verfassungsschutz Mecklenburg-Vorpommern vor. (Nachzulesen auf dem Portal des Innenministeriums: *https://www.presseportal.de/blaulicht/ pm/108531/4789153*)

Am 13. Januar 2021, sieben Wochen nach dem denkwürdigen Auftritt der beiden Schweriner Ministerialbeamten vor dem Amri-Untersuchungsausschuss des

Bundestages, wurde Reinhard Müller nach elf Jahren an der Spitze des Landesamtes für Verfassungsschutz von Innenminister Torsten Renz (CDU) vorzeitig in den Ruhestand versetzt. Überraschend, denn Renz – seit sechs Wochen im Amt – hatte sich anfänglich noch schützend vor seine Abteilung gestellt. Nunmehr aber kündigte er einen »Neuanfang« im Verfassungsschutz an. Der *NDR* meldete am 14. Januar 2021: »Müller und der Verfassungsschutzabteilung wurde vorgeworfen, möglicherweise wichtige Hinweise nicht weitergeben zu haben. Sein als brüsk empfundener Auftritt im Untersuchungsausschuss des Bundestages zum Anschlag sorgte bei der Opposition für Empörung. Auch der Umgang mit einer sogenannten Deko-Waffe und einer Schrotflinte brachte zusätzliche Irritationen und löste Zweifel an einer professionellen Arbeit des Verfassungsschutzes aus.«

Am 23. März 2021 ging bei der Schweriner Anwältin ein Schreiben der Bundesanwaltschaft ein. Der Oberstaatsanwalt beim Bundesgerichtshof Helmut Grauer, der mit den Ermittlungen zum Terroranschlag auf dem Berliner Breitscheidplatz betraut war, antwortete, in der Strafanzeige Friedrisziks fehle es an konkreten Anhaltspunkten, dass die angenommenen Pflichtverletzungen im Landesamt für Verfassungsschutz und im Innenministerium von Mecklenburg-Vorpommern »mit dem Vorsatz begangen worden sein könnten, bestimmte terroristische Vereinigungen zu unterstützen oder Hilfe zu konkreten Tötungsdelikten zu leisten«. Deshalb werde die Bundesanwaltschaft selbst auch kein Ermittlungsverfahren einleiten. Doch die

Strafanzeige werde nun »an die Staatsanwaltschaft Rostock – Schwerpunktstaatsanwaltschaft zur Bekämpfung des Terrorismus und Extremismus – weitergeleitet«.

Für Müller und Lenz war der Fall damit also noch nicht erledigt.

9. Kapitel

GLOCK

Irgendwann zwischen 2019 und 2020 erfuhr Dirk Friedriszik aus verschiedenen Quellen, dass der langjährige Innenminister von Mecklenburg-Vorpommern,
Lorenz Caffier, Anfang 2018 eine Pistole gekauft habe.
Nicht der Fakt war bedenklich, sondern von wem der
CDU-Politiker die Waffe erworben haben sollte: von
einem mutmaßlichen Rechtsextremisten, dem Waffenhändler und Schießlehrer Frank T. aus Güstrow.
Es handelte sich angeblich um eine Pistole vom Typ
Glock 19, die auch unter Terroristen wegen ihres großen Magazins und der leichten Bauart äußerst beliebt
war. Der Minister sollte die halbautomatische Pistole
aus Österreich nicht nur von dem ehemaligen »Nordkreuz«-Mitglied T. erhalten haben – der Minister sollte
auch von diesem auf dessen Schießplatz im Umgang
mit der Waffe trainiert worden sein.

Immer wieder wurde Caffier mit der Frage konfrontiert, ob etwas an diesen Gerüchten dran sei. Er dementierte stets hartnäckig, Presseanfragen blockte er ab.
Am 14. Oktober 2020 reagierte er entrüstet auf meine
Frage mit einer Gegenfrage: »Wie kommen Sie denn
auf ein solch schmales Brett?«

»Herr Minister, Sie machen doch sonst keine Fehler!«

»Habe auch keinen gemacht. Wir können ja morgen mal telefonieren [...]. Ich habe weder eine Dienstwaffe erhalten noch erworben. Dann bis morgen. Gute Nacht!«

Warum hatte der Innenminister in seiner Whats-App-Nachricht von einer »Dienstwaffe« gesprochen? Danach hatte ich nicht gefragt.

Am nächsten Tag leuchtete für kurze Zeit ein Anruf von »Unbekannt« im Display des Smartphones auf. Caffier rief fast immer mit unterdrückter Nummer an. Ehe die Verbindung hergestellt war, hatte der unbekannte Teilnehmer wieder aufgelegt. War's Caffier gewesen?

Caffier war ein knorriger Typ, ein Unikum. Er spann jeden sofort ein in einen Kokon aus vermeintlicher Nähe und Vertrautheit. Ihm bekannte Journalisten sprach er am liebsten in der zweiten Person Plural an. »Na, was wollt ihr jetzt schon wieder?«, lautete seine Standardbegrüßung. Oder: »Wie geht es euch?«

Der Heiligabend 1954 bei Dresden geborene Pastorensohn und Vater von vier Kindern galt als Familienmensch. So richtig böse werde er nur, erzählte er einmal, wenn ihm ein Enkelkind eines seiner geliebten Räuchermännchen kaputt machte, von denen er eine riesige Sammlung besaß, die er hegte und pflegte und allenfalls zu Weihnachten im Wohnzimmer aufbaute. Caffier liebte Thüringer Bratwurst und Kaffee Crema. Früher rauchte er mal Zigarillos. Aber das war lange her. Vielleicht war die Vergangenheit als passionierter Raucher der Grund für seine dunkle, knarzige

Stimme. Sie verlieh ihm bei Landtagsreden den nötigen Respekt. Als Politiker pflegte Caffier, den viele ehrfurchtsvoll »Don« nannten, das Image des harten Hundes. »Ich bin Politiker, kein Jurist«, sagte er gern, wenn es darum ging, unorthodoxe Entscheidungen durchzukämpfen. Hemdsärmelig setzte er für Mecklenburg-Vorpommern eine Art Extremistenerlass gegen Rechts durch. Dieser sollte es Neonazis unmöglich machen, Positionen im öffentlichen Dienst zu bekleiden.

Über seine Zeit in der DDR war wenig bekannt. In der Nationalen Volksarmee leistete Caffier nach einer Forstarbeiterlehre seinen achtzehnmonatigen Grundwehrdienst ab. Seine Zuneigung für Uniformen blieb auch im vereinten Deutschland. Er nahm an Wehrübungen der Bundeswehr teil. Nach einer Orientierungsübung im Kommando Territoriale Aufgaben in Berlin, 2013 gegründet, wurde er Oberleutnant zur See. Als er 2019 mit Vollendung des 65. Lebensjahres die Altersgrenze für Wehrübungen erreicht hatte, wurde ihm von Bundesverteidigungsministerin Annegret Kramp-Karrenbauer (CDU) das Ehrenkreuz der Bundeswehr in Gold verliehen.

Schon einige Jahre zuvor zog es ihn in den Reservistenverband von Mecklenburg-Vorpommern. Aber da waren bereits die ersten braunen Geschichten über rechtsextreme Netzwerke im Umlauf. Seit dem Skandal um die Gruppe »Nordkreuz« lag der Aufnahmeantrag des Innenministers auf Eis.

1979 war Caffier während des Studiums an der Ingenieurhochschule in Berlin-Wartenberg in die CDU eingetreten. Er ging damit ironisch um, nannte sich selbst »Blockflöte«. Nach dem Studium zog er als Diplomingenieur für Land- und Forsttechnik zum Kombinat Fortschritt Landmaschinen in Neubrandenburg, und nach den drei vorgeschriebenen Jahren ging er in eine Landwirtschaftliche Produktionsgenossenschaft (LPG), deren Vorsitzender er am Ende wurde. Mit der »Wende« in der DDR wechselte der Jäger – Mitte Dreißig inzwischen – in die Politik. Bei der letzten Parlamentswahl in der DDR wurde er Volkskammerabgeordneter, übernahm regionale CDU-Ämter und 2009 den Landesvorsitz in Mecklenburg-Vorpommern. Das blieb er acht Jahre lang. Es war der Landesverband auch der Bundeskanzlerin, die ihm vertraute. Seit 2006 war Lorenz Caffier Innenminister des Bundeslandes, er gehörte schon bald zu den einflussreichsten Innenpolitikern und Sicherheitsexperten Deutschlands. Er leitete den Verteidigungsausschuss des Bundesrates, besuchte immer wieder die NATO in Brüssel, führte in der Innenministerkonferenz die Gruppe der Union, pflegte vertrauliche und enge Kontakte auch zu Hans-Georg Maaßen, dem Präsidenten des Bundesamtes für Verfassungsschutz. Ob Zufall oder nicht: Maaßen machte in Mecklenburg-Vorpommern seinen Jagdschein.

Zweimal – 2011 und 2016 – scheiterte Caffiers Anlauf, als Spitzenkandidat der CDU Ministerpräsident zu werden. Und dennoch machte er immer weiter als Innenminister und diente in verschiedenen Regierungskoalitionen drei SPD-Ministerpräsidenten.

Und ausgerechnet dieser Lorenz Caffier sollte von einem dubiosen Waffenhändler mit Beziehungen zu rechtsextremen Netzwerken eine Waffe erworben haben?

Zweifel an der Integrität Caffiers kamen schon vor den Gerüchten um die Waffe auf. Er zeigte sich erstaunlich schweigsam, als außerhalb Mecklenburg-Vorpommerns renommierte Politiker und Journalisten sich mit der Frage beschäftigen, warum es im Nordosten der Republik beispielsweise ehemalige Elite-Soldaten der Bundeswehr und Polizisten aus Spezialeinheiten gelang, Waffen und Munition abzuzweigen und zu horten. Und schließlich die Vorgänge um »Nordkreuz« ...

Das Wort »Nordkreuz« kam Caffier so gut wie nie über die Lippen. Er sprach lieber von »Preppern«. Fragen dazu beantwortete er nicht. Und wenn doch, dann verwies er auf die laufenden Ermittlungen der Bundesanwaltschaft. »Sie müssen verstehen, mir sind die Hände gebunden«, sagte er dann. »Selbst wenn ich etwas sagen wollte, ich darf es ja nicht.« Braune Schafe in der Herde seiner Landespolizei tat er gern als Einzelfälle ab. »Die Polizei ist nur ein Spiegelbild der Gesellschaft. Da gibt es solche und solche«, sagte er. Eines vergaß er dabei allerdings: Polizisten sind nicht einfache Bürger – sie tragen Waffen.

Caffier beförderte im Oktober 2017 den früheren SEK-Chef Lutz Müller, Ehemann von Landtagspräsidentin Birgit Hesse (SPD), zum Polizeichef von Schwerin. Drei Jahre später, im September 2020, wurde Polizeidirektor Lutz Müller Leiter des Führungsstabes im Polizeipräsidium Neubrandenburg und dessen Vizepräsident.

In der Zeit, als Müller Polizeichef in Schwerin war, wurde nachweislich unter »Nordkreuz«-Chef Marko G. Munition aus den Beständen der Spezialeinheit abgezweigt. Recherchen der *taz* belegten, dass Marko G. höchstwahrscheinlich über den Schießplatz von Frank T. an Behördenmunition aus ganz Deutschland gekommen war.

Als die Ermittler des Bundeskriminalamtes bei »Nordkreuz« die Listen mit mehr als 25 000 Namen fanden und ich aufdeckte, dass die Terrortruppe bereits Leichensäcke und Löschkalk für ihre Gegner bestellen wollte, kommentierte Caffiers Ministerium die Listen lakonisch mit den Worten, diese seien weder unüblich noch gefährlich.

Zwei Jahre lang unternahm Caffier nichts, um die potentiellen Opfer darüber zu informieren. Erst als im Juni 2019 der Kasseler Regierungspräsident Walter Lübcke, ein Parteifreund Caffiers, auf der Terrasse seines Hauses in Nordhessen von einem Neonazi erschossen wurde, erfolgte eine Korrektur. Caffiers Ministerium verweigerte sich dennoch weiter vehement, Einblick in die Listen zu gewähren. Erst im März 2021 wurde Mecklenburg-Vorpommern durch ein Gerichtsurteil zur Offenlegung verpflichtet.

Bei genauem Hinsehen entpuppte sich Caffier als politisch einäugig. Immer wieder zeigte er sich milde und nachsichtig, wenn Polizeibeamte, Verfassungsschützer oder Beamte aus seinem Ministerium mit dem rechten Rand in Berührung kamen, wenn sie Ausländer ausgrenzten, auf vermeintliche Linke mit Pfefferspray losgingen oder an dubiosen Schießtrainings teilnahmen. Interne Ermittlungen und Disziplinarverfahren liefen fast immer ins Leere.

Nicht annähernd so nachsichtig verhielt er sich gegenüber Asylbewerber und Geflüchteten; bei der

Abwehr der Fremden stand der Innenminister von Mecklenburg-Vorpommern in der ersten Reihe. Medienwirksam begleitete er 2016 auf dem Höhepunkt des Zustroms syrischer Bürgerkriegsflüchtlinge die Abschiebung abgelehnter Asylbewerber. Eine dieser Aktionen wurde Titelstory in der *Bild*. Caffier ließ sich in einem Kampfanzug der Bundeswehr ablichten.

In Inlandsgeheimdienstchef Hans-Georg Maaßen und Bundespolizeipräsident Dieter Romann fand Caffier Brüder im Geiste. Zusammen bildeten sie ein Dreigestirn im Kampf gegen die Flüchtlingspolitik der Kanzlerin, gegen Merkels angeblich viel zu humanen und laschen Kurs, gegen offene Grenzen und die im Spätsommer 2015 vorherrschende Stimmung im Land, Flüchtlinge herzlich willkommen zu heißen. Von Caffier wurde der Satz überliefert: »Da kommen nicht nur Engel.«

Noch am Abend des Anschlages auf den Berliner Breitscheidplatz sprach sich Caffier in einem Interview als einer der ersten deutschen Innenpolitiker für eine Verschärfung der Sicherheitsgesetze aus, für einen knallharten Umgang mit Salafisten und für härtere Abschieberegeln. Dabei war – knapp eine Stunde nach dem Anschlag, als mir Caffier sein erstes Interview gab – noch gar nicht klar, auf wessen Konto der Massenmord ging. Es hatte etwas von Reichstagsbrand 1933. Noch loderten die Flammen, als der preußische Innenminister schon erklärte, wer das Parlamentsgebäude angezündet hatte. »Das ist der Beginn des kommunistischen Aufstandes, sie werden jetzt losschlagen!«

Als Caffier 2019 ein neues, verschärftes Sicher-
heits- und Ordnungsgesetz im Schweriner Landtag
beschließen ließ und ihn der bekannte Rostocker
Rapper Materia zusammen mit der Punkband Feine
Sahne Fischfilet unter dem Hashtag *#StasiReloaded* beschuldigte, massiv in Grundrechte von Menschen einzugreifen, warf der Minister dem Rapper vor, »Stuss«
zu erzählen. Feine Sahne Fischfilet wurden jahrelang
im Verfassungsschutzbericht von Mecklenburg-
Vorpommern als linksextreme Band aufgeführt.

Der oberste Dienstherr der Polizei und des Inlandsgeheimdienstes von Mecklenburg-Vorpommern, She-
riff Gnadenlos im Umgang mit Asylbewerbern und Salafisten, sollte also eine Waffe von einem Ex-Mitglied
der unter Terrorverdacht stehenden rechtsextremistischen Gruppe »Nordkreuz« gekauft haben. Das wäre
zwar nicht illegal. Frank T. darf Waffen verkaufen
und Lorenz Caffier welche besitzen. Doch der Minister musste dringend erklären, was ihn dazu bewogen
hatte, ausgerechnet von einem Mann mit Kontakten zu
Neonazis eine Pistole zu erwerben.

Monatelang kamen die Recherchen nicht voran.
Am Tag vor dem 12. November 2020 – an dem Caffier
den neuen Verfassungsschutzbericht des Landes im
Schweriner Innenministerium vorstellen sollte – kon-
taktierte der SPD-Landtagsabgeordnete Dirk Friedriszik eine Redakteurin der *taz*. Auch sie hatte seit
Monaten vergeblich zu dem Gerücht recherchiert.
Minutenlang plätscherte die Pressekonferenz vor
sich hin. Linksextremismus, Islamismus, Rechtsextremismus … »Nordkreuz« erwähnte Caffier mit keinem Wort. Dann stellte die *taz*-Reporterin Christina

Schmidt die Frage aller Fragen: »Herr Caffier, haben Sie eine Waffe bei Frank T. gekauft oder bei ihm ein Schießtraining absolviert?«

Caffier reagierte nervös und angefasst: »Zum Privatleben können Sie mich gern anfragen, privat. Alles andere bleibt im Privatbereich. Dazu gibt es an anderer Stelle keine Äußerungen.«

Auf die Nachfrage, *wie* er privat befragt werden könne, antwortete Caffier, sie könne ihm ja einen Brief schreiben. »Aber wissen Sie, Privatbereich bleibt Privatbereich. Auch in Zukunft«, schob er nach. Das klang wie eine Drohung.

Vier Wochen zuvor hatte er mich auf Whatsapp, wir erinnern uns, abtropfen lassen. Und nun, so schien er zu hoffen, käme er auch wieder ungeschoren davon. Doch nunmehr entwickelte die »Privatsache« eine eigene Dynamik.

Über den Waffenhändler Frank T. kursierten diverse Gerüchte. Es hieß, er sei Vertreter der österreichischen Waffenschmiede Glock in der Bundesrepublik. Und er solle mehrfacher Deutscher Meister mit der Kurzwaffe sein und sich mit Pistolen exzellent auskennen, was er Friedriszik später persönlich bestätigte. Nachgesagt wurde ihm, er gehöre zu den wenigen Experten, die Schießübungen aus der Bewegung heraus trainierten ...

T. war am Telefon nicht zu erreichen. Nicht in Güstrow, wo er seine Firma »Baltic Shooters« betreibt. Dort übten nicht nur Berufsschützen. Große deutsche Rüstungskonzerne präsentierten regelmäßig auf dem Gelände in der Nähe der mecklenburgischen Kleinstadt ihre neuesten Waffensysteme: Rheinmetall, Sig Sauer,

Heckler & Koch ... Die renommierteste Waffenschau auf der Anlage von Frank T. war der *Special Forces Workshop*, bis 2018 war sogar das Landeskriminalamt Mecklenburg-Vorpommern Mitveranstalter. Fotos zeigten den Schirmherrn – Innenminister Lorenz Caffier – im Kreis der Veranstalter. Er lachte und scherzte mit ihnen, man schien sehr vertraut. Ein Bild zeigte Frank T. gemeinsam mit Innenminister Caffier, ein anderes Frank T. mit Polizeiinspekteur Wilfried Kapischke.

Auf meine Frage, warum er in Güstrow Schirmherr der Waffenschau gewesen war, antwortete Caffier auf WhatsApp am 14. Oktober 2020:

»Weil ich gefragt wurde. Gruß.«

»Von T.?«

»Quatsch, den kannte ich gar nicht.«

»Von wem dann?«

Keine Antwort.

Ob er vielleicht vom damaligen SEK-Chef Lutz Müller, dem langjährigen Vorgesetzten von »Nordkreuz«-Anführer Marko G., gefragt worden sei? Marko G. sei ein enger Freund und Vertrauter des Waffenhändlers gewesen.

Caffier schwieg. Ende des Wortwechsels.

Auf dem Schießplatz bei Güstrow liefen viele Fäden aus der rechtsextremen Szene zusammen. Marko G. arbeitete für Frank T. als Schießausbilder, Sachkunde Waffe. »Dogl«, der Schutzpolizist mit Beziehungen zu »Nordkreuz«, trainierte regelmäßig auf dem Gelände. Auch »Nordkreuz«-Mitglied Jörg S. zählte zu den Waffenbrüdern von Güstrow. Wasserschutzpolizist Sven J. nahm am Workshop teil. Und mittendrin der Innenminister von Mecklenburg-Vorpommern und Dienstherr der hiesigen Verfassungsschützer, der davon nichts gewusst haben wollte?

Nach der Pressekonferenz im Schweriner Innenministerium wuchs der öffentliche Druck. Innenexperte Peter Ritter, Landtagsabgeordneter der Linken, machte den Minister darauf aufmerksam, seine Verbindungen zu »Nordkreuz« seien keineswegs privat: »Waffenkarte auf den Tisch! Sofort!« Konstantin Kuhle, innenpolitischer Sprecher der FDP-Bundestagsfraktion, twitterte, es sei eben keine Privatsache, »als Innenminister von Mecklenburg-Vorpommern eine Waffe bei einem Mitglied der Gruppe Nordkreuz erworben (zu) haben, gegen die der Generalbundesanwalt wegen Terrorverdachts ermittelt. Das muss aufgeklärt werden!« Der Parlamentarische Geschäftsführer der Linken im Bundestag, Niema Movassat, schrieb ebenfalls auf Twitter, die Causa Caffier mache Angst: »Menschen, die Drohungen von Nazis erhalten, müssen darauf vertrauen, dass Regierungsmitglieder nicht mit Nazis paktieren.«

Erste Rücktrittsforderungen wurden laut.

Schließlich erschien einen Tag nach der entlarvenden Pressekonferenz im *Spiegel* ein Interview mit Caffier. Darin sagte er, von Frank T. Anfang 2018 privat eine Waffe erhalten zu haben. Damals habe er nichts vom »Nordkreuz«-Hintergrund des Mannes gewusst. Angeblich seien die ersten Unterlagen zum »Nordkreuz«-Komplex in Mecklenburg-Vorpommern erst 2019 aufgetaucht. »Den Landesbehörden und mir lagen keine Hinweise zu möglichen rechtsextremistischen Bestrebungen vor«, sagte Caffier dem Nachrichtenmagazin. »Deshalb war ich im Januar 2018 beim Kauf der Waffe arglos.«

Nachweislich wurde das Landeskriminalamt Mecklenburg-Vorpommern bereits im Juli 2017 über die Existenz der »Nordkreuz«-Chats aufgeklärt, es hatte auch Razzien bei Mitgliedern des rechtsextremistischen Netzwerkes gegeben. Der Schweriner Verfassungsschutz bekam im März 2018 umfassende Ermittlungsakten vom Bundeskriminalamt zugestellt. So ging es aus einer Antwort der Bundesregierung auf eine Anfrage der Linken-Bundestagsfraktion vom Februar 2020 hervor.

Der Innenminister von Mecklenburg-Vorpommern hatte entweder ein sehr schlechtes Erinnerungsvermögen – oder er wollte sich nicht erinnern.

Am 17. November 2020 war der Druck auf Caffier derart angewachsen, dass der Innenminister von Mecklenburg-Vorpommern von seinem Amt zurücktrat. Wegen der Affäre um den Erwerb einer Waffe bei einem mutmaßlichen Rechtsextremisten besitze er nicht mehr die nötige Autorität für sein Amt, sagte er. Mit seinem Rücktritt wolle er sein Umfeld und seine Familie schützen. Es verletze ihn zutiefst und sei für ihn eine extrem große Belastung, dass bei ihm eine Nähe zu rechten Kreisen suggeriert werde. »Ich kann diesen Vorwurf nur in aller Schärfe zurückweisen – er ist schlicht absurd.«

Zum dubiosen Vorgang selbst sagte er: »Nicht der Erwerb war ein Fehler, sondern der Umgang damit – dafür entschuldige ich mich.«

Trotz Rücktritt behielt Caffier sein Landtagsmandat.

Am 25. November 2020 fragte ich auf Twitter: »Wer hat in Mecklenburg-Vorpommern eigentlich noch alles aus Innenministerium und Polizei Waffen von Frank T. bezogen?«

Der Landtagsabgeordnete Peter Ritter, Innenexperte der Linken, stellte der Landesregierung noch am selben Tag die gleiche Frage. Erst sieben (!) Wochen später wurde ihm mitgeteilt, es lägen dazu »keine Informationen« vor. Allerdings hätten die Befragten »auf freiwilliger Basis« geantwortet.

Welches Licht wirft eine solche Antwort auf eine Landesregierung und deren fehlenden Respekt gegenüber gewählten Volksvertretern, die ihre Kontrollfunktion wahrnehmen?

Weitere Spitzenpolitiker und führende Polizeibedienstete sollen bei Frank T. neben Caffier Waffen gekauft haben. So sagten es übereinstimmend mehrere Informanten. Doch die Landesregierung konnte »auf freiwilliger Basis« nach eigenen Angaben »keine Informationen« darüber in Erfahrung bringen.

Polizeieinheiten nicht nur aus Mecklenburg-Vorpommern, aus dem gesamten Bundesgebiet, ja selbst aus Österreich, der Schweiz und den USA trainierten bis 2019 auf dem Schießplatz in Güstrow und gingen bei Frank T. ein und aus.

Am 30. März 2021 wurde ein neues Kapitel im Fall Güstrow aufgeschlagen. In Sachsen gingen Ermittler gegen siebzehn Polizeibeamte vor. Sie sollten massenhaft Munition aus Dienstbeständen entwendet haben.

Die Aktion der sächsischen Sicherheitsbehörden ging auf Ermittlungen der Staatsanwaltschaft Schwerin zurück. Die Sachsen sollen insgesamt siebentausend Schuss Munition bei Gelegenheit einer polizeilichen Ausbildungswoche auf eine private Schießanlage nach Mecklenburg-Vorpommern gebracht haben. Laut Ermittlern soll es sich um eine Gegenleistung gehandelt haben: für ein außerdienstliches Schießtraining bei der Firma *Baltic Shooters* von Waffenhändler Frank T. in Güstrow, dem Waffenhändler des Ministers.

Die Schweriner Ermittlungen richteten sich gegen den 53-jährigen Frank T., sie liefen im März 2021 schon seit fast einem halben Jahr und hingen zusammen mit dem Verfahren gegen Marko G., der im Dezember 2019 wegen unerlaubten Waffenbesitzes zu einer Bewährungsstrafe verurteilt worden war.

Der Landkreis Rostock (»Öffentliche Sicherheit und Ordnung. Waffenrecht«) prüfte, ob Frank T. die Lizenz für Waffenverkäufe entzogen werden kann. Doch der Ausgang der Prüfung durch die Untere Waffenbehörde zog sich über Wochen hin. Das Innenministerium von Mecklenburg-Vorpommern kündigte den Vertrag mit Frank T. im Mai 2019 auf.

Zu diesem Zeitpunkt wurde auch offiziell bekannt, dass Frank T. Verbindungen zu »Nordkreuz«-Mitgliedern unterhielt.

Die neuen Ermittlungen könnten für den Waffenhändler zum Problem werden, bestätigte sich der Verdacht, dass er die sächsischen Polizeibeamten zum Diebstahl angestiftet hatte. Doch selbst wenn es nicht so gewesen sein sollte, könnte die Annahme von Munition als Gegenleistung für Schießtrainings den Straftatbestand der Hehlerei erfüllen. Beides muss aber bewiesen werden.

Frank T. will mit den gegen ihn erhoben Vorwürfen nichts zu tun haben. Auch den Verdacht, Rechtsextremist zu sein, wies er zumindest indirekt von sich. Auf der Internetseite seiner Firma *Baltic Shooters* war nachzulesen: »Personen, bei denen Tatsachen die Annahme rechtfertigen, dass sie gegen das friedliche Zusammenleben in Deutschland hetzen oder verfassungsfeindliche Symbole tragen, wird ein lebenslanges Hausverbot ausgesprochen sowie das Schießen verwehrt!«

Für die »Nordkreuz«-Jünger Marko G., Jörg S. und deren Polizisten-Freund »Dogl« galt dieses Verbot offenbar nie.

10. Kapitel

STRENZ

Am 21. März 2021 bestieg die Mecklenburger CDU-Bundestagsabgeordnete Karin Strenz ein Flugzeug auf Kuba, mit dem sie zurück in ihre Heimat wollte. Doch lebend sollte sie Deutschland nicht mehr erreichen. Zeugen berichteten, die 53-Jährige habe beim Einsteigen in den Ferienflieger einen gesundheitlich angeschlagenen Eindruck gemacht: Ihr Mann habe sie in einem Rollstuhl schieben müssen. »Wenn ich im Flugzeug sterben sollte, dann ist das eben so«, soll sie kurz vor dem Einchecken gesagt haben. So zumindest zitierte die *Bild* einen Zeugen. Strenz soll die ersten zehn Tage ihres Urlaubes noch aufgekratzt und angeheitert am Pool verbracht haben, bevor sich ihr Zustand rapide verschlechterte. Der Augenzeuge, ein Unternehmer aus Thüringen, bezweifelte, dass Karin Strenz zum Zeitpunkt des Abfluges transportfähig gewesen sei, ein Arzt hätte ihr den Transatlantik-Flug wahrscheinlich nicht erlaubt. Während des Fluges kollabierte die Politikerin. Die Maschine landete in Irland ungeplant. Auf dem Weg ins Krankenhaus verstarb die Frau aus MV. Die Todesursache war auch Wochen später nicht bekannt.

Ihr Leben endete ebenso mysteriös wie es vielleicht insgesamt war.

Die Geschichte begann mit einem Haus.

Das schmucke Gebäude, eingerahmt von alten Bäumen, befand sich auf einem Grundstück mit Fischteichen. Diestelow-Sehlsdorf lag fünfzig Kilometer östlich von Schwerin. Das weiß verklinkerte Haus mit den zahlreichen Anbauten und dem luxuriösen Interieur war das Elternhaus der CDU-Bundestagsabgeordneten.

Viele Jahre war es auch die Adresse der Karin Strenz GbR, einem Unternehmen für Logistik und Immobiliengeschäfte. Der Unternehmerverband Mecklenburg-Schwerin führt die Firma noch immer unter dieser Anschrift, obwohl die Immobilie seit November 2018 einen anderen Eigentümer hat. Strenz hatte das Haus verkauft – unter Umständen, die Fragen aufwarfen.

Das Anwesen hatte sie 1995 von ihrem Vater geerbt. Ein erster Versuch, es 2016 an einen Landwirt zu veräußern, endete erfolglos. Im zweiten Anlauf ging es laut Grundbucheintrag vom 16. November 2018 in den Besitz einer Frau mit dem Namen Daniela N. über.

Nachfragen zu diesem Geschäft beantwortete Karin Strenz wenige Monate vor ihrem Tod auffällig schmallippig. Sie stellte in Abrede zu wissen, bei wem es sich um Daniela N. und ihren Lebensgefährten Axel M. handelte, die seit anderthalb Jahren in ihrem einstigen Elternhaus wohnten. Keine Ahnung, dass beide zum Umfeld der Gruppe »Nordkreuz« gehören, jenem rechtsextremen Netzwerk, das laut Bundesanwaltschaft im Verdacht der Vorbereitung einer schweren staatsgefährdenden Gewalttat stand. Ihr seien diesbezügliche Hintergründe und Zusammenhänge nicht bekannt, ließ sie mich auf Anfrage per Mail wissen.

Personen, die die neue Hauseigentümerin besser kannten als die vormalige Besitzerin, berichteten, dass Daniela N. eng mit »Nordkreuz« verwoben sei. Sie hätte überdies ihren Partner Axel M. veranlasst, sich der rechten Truppe anzuschließen.

Wir erinnern uns: Am 28. August 2017 hatte es eine spektakuläre Razzia eines Sondereinsatzkommandos der Bundespolizei mit Blendgranaten und Spürhunden in Crivitz bei einem Handwerksmeister gegeben. Die ganze Region spricht noch heute über den Einsatz. Jener Malermeister Axel M., der bei »Nordkreuz« eine wichtige Rolle spielte, lebte mit Daniela N. zusammen.

Ehemalige Nachbarn sagten, Axel M. sei es nach der spektakulären Razzia in Crivitz zu heiß geworden. Er habe wegziehen wollen und Daniela N. zum Kauf der Strenz-Immobilie veranlasst. Ob er Karin Strenz persönlich kannte, war unklar. Nachweislich engagierte er sich 2017 im Bundestagswahlkampf für die CDU, er soll auch den Wiedereinzug von Strenz in den Bundestag unterstützt haben. In dem kleinen Ort Crivitz dürften seine »Nordkreuz«-Aktivitäten ebenso wenig verborgen geblieben sein wie seine neue Lebensgefährtin.

Es ist anzunehmen, dass nicht nur Karin Strenz von den Razzien gegen »Nordkreuz« erfuhr, schließlich stand es in der regionalen Presse, sondern auch Wolfgang Waldmüller, CDU-Fraktionschef im Schweriner Landtag. Über Waldmüllers Maklerbüro war das Strenz-Haus schließlich verkauft worden. Waldmüller wollte sich aber auf Nachfrage dazu nicht äußern.

Daniela N. stammte aus Neustrelitz, ihr Ex-Mann arbeitet dort als Steuerberater. Und auch er war bei »Nordkreuz«, wie ein Vernehmungsprotokoll des Bundeskriminalamtes belegte.

Nach dem Kauf des neuen Hauses zog Daniela N. mit Malermeister Axel M. nach Diestelow-Sehlsdorf in das Elternhaus von Karin Strenz. Neustrelitz und ihre neue Adresse lagen hundert Kilometer auseinander, das waren anderthalb Stunden mit dem Auto quer durch den malerischen Landkreis Müritz mit den vielen Seen. Und bis Schwerin war es von hier nur ein halbes Hundert Kilometer.

Die studierte Sonderpädagogin Strenz, geborene Hellwig, in der CDU seit 1998 und schon vier Jahre später stellvertretende Landesvorsitzende, marschierte über den Landtag in den Bundestag, 2009 holte sie ein Direktmandat, 2013 und 2017 wieder. Allerdings wurde ihre Abgeordnetentätigkeit zunehmend von Gerüchten begleitet, sie würde für die Kaukasusrepublik Aserbaidschan größere Zuneigung hegen, als es einem Bundestagsabgeordneten und der Vorsitzenden der Deutsch-Südkaukasischen Parlamentariergruppe zuträglich sei. Erstmals bereiste sie 2010 die Turk-Republik am Kaspischen Meer, deren Wohlstand einzig auf Öl gründete. Die zehn Millionen Einwohner wählten, sie war als Wahlbeobachterin vor Ort. Fünf Jahre später war sie es erneut, diesmal in offizieller Mission des Europarates. Anders als andere bescheinigte sie der Wahl jedoch einen geordneten und fairen Ablauf, und als einzige deutsche Abgeordnete votierte Strenz in der Parlamentarischen Versammlung des Europarates gegen die dort erhobene Forderung nach Freilassung politischer Gefangener. Ihre pro-aserbaidschanische Haltung hinge mit finanziellen Zuwendungen zusammen, die aus der Firma des CSU-Politikers Eduard Lintner *Line-M-Trade* flössen, hieß es.

Im September 2017 berichteten die *Süddeutsche Zeitung* und *Report Mainz* erstmals über eine Lobbyarbeit von Strenz für das Land. Sie hatte zwar jeweils 22 000 Euro für 2014 und 2015 als Nebenverdienst angegeben, ohne jedoch den Gegenstand dieser Tätigkeit zu nennen, als sie 2016 die Beträge der Bundestagsverwaltung meldete. Im April 2018 stellte sie die Untersuchungskommission des Bundestags unter Korruptionsverdacht, zwei Monate später verhängten das zuständige Gremium des Europarates ein lebenslanges Hausverbot gegen sie und das Präsidium des Bundestages eine Geldbuße von knapp 20 000 Euro. Am 30. Januar 2020 hob der Bundestag – auf Antrag der Staatsanwaltschaft Frankfurt am Main – die Immunität auf. In der Folge wurden ihr Abgeordnetenbüro und die Privatwohnung durchsucht und wegen des Verdachts der Bestechlichkeit, Bestechung und Geldwäsche ermittelt.

Strenz schwieg zu den Vorwürfen eisern. Auf meine telefonischen Anfragen im Sommer 2020 reagierte sie nicht. Ihre Büroleiterin war seinerzeit wochenlang nicht zu erreichen. Seit den Razzien wurde die Abgeordnete Strenz, die unverändert der Unionsfraktion des Bundestages angehörte und diese in verschiedenen Ausschüssen vertrat – darunter auch im Verteidigungsausschuss –, kaum noch im Parlament gesehen.

In der CDU herrschte zur Causa Strenz lautes Schweigen. Selbst langjährige Weggefährten wie Innenminister Lorenz Caffier duckten sich weg. Und neben der Aserbaidschan-Affaire dann auch noch der fragwürdige Verkauf ihres Hauses in Diestelow-Sehlsdorf …

Der SPD-Landtagsabgeordnete Dirk Friedriszik bezweifelte, dass Karin Strenz die Wahrheit gesagt hatte, als sie behauptete, keine Ahnung vom Hintergrund der neuen Eigentümerin und ihres Lebensgefährten zu haben. Jeder in und um Crivitz wisse um »Nordkreuz«, und ausgerechnet Karin Strenz nicht? Friedriszik verlangte daher Aufklärung. »Wo Dreck liegt, muss gefegt werden, auch wenn weitere CDU-Mitglieder involviert sind. Wer in diesem Fall nicht alles lückenlos aufklärt, handelt mehr als grob fahrlässig«, sagte mir Friedriszik im Sommer 2020 in seinem Haus in Ludwigslust.

Zu prüfen sei auch, ob Strenz in geschäftlicher Beziehung zum Steuerberater und »Nordkreuz«-Mitglied N. steht, dem Ex-Mann von Daniela N., der Hauskäuferin. Strenz bestritt, N. in Neustrelitz zu kennen und mit ihm zusammenzuarbeiten.

Caffier räumte dagegen auf meine Nachfrage ein, den Steuerberater N., der für die AfD im Stadtrat von Neustrelitz sitzt, sehr wohl zu kennen. Mehr sagte Caffier dazu nicht.

Malermeister Axel M. und aktueller Lebensgefährte von Daniela N. behauptete gegenüber Zeugen, CDU-Mitglied zu sein. Er zahle im Wahlkreis von Karin Strenz seit Jahren regelmäßig Mitgliedsbeiträge.

CDU-Landesgeschäftsführer Klaus-Dieter Götz lehnte dazu jede Auskunft ab. »Die Weitergabe personenbezogener Daten und die Veröffentlichung der Mitgliedschaft ist uns aus Datenschutzgründen nicht möglich. Dafür bitte ich um Verständnis«, erklärte mir Götz, den ich um Bestätigung von M.s Mitgliedschaft bat.

Unterdessen sammelte Axel M. weiter Waffen und Munition. Als Jäger durfte er das. Sein Jagdschein wurde 2019 von der zuständigen Behörde im Landkreis Ludwigslust-Parchim für weitere fünf Jahre neu erteilt – trotz der laufenden Ermittlungen der Bundesanwaltschaft. Auf seiner Waffenbesitzkarte, hieß es aus Behördenkreisen, sollen fünfzehn Langwaffen eingetragen sein. Zudem besitze er mehrere Schalldämpfer. Ende 2020 führte die Staatsanwaltschaft Schwerin auch aus diesem Grund Ermittlungen in der zuständigen Waffenbehörde durch.

In Diestelow-Sehlsdorf herrschte unterdessen fast schon gespenstische Ruhe. Selbst die Fischteiche auf dem von Strenz erworbenen Grundstück soll Malermeister M. mittlerweile trockengelegt haben.

Caffiers Waffe, Waldmüllers Maklerdienste und viele dubiose CDU-Mitglieder: Die Sache mit dem Strenz-Haus ist vermutlich nicht die einzige Ungereimtheit im Leben der CDU in Mecklenburg-Vorpommern.

11. Kapitel

NESTBESCHMUTZER

Reichskanzler Otto von Bismarck wird ein Zitat zugeschrieben, das er so nachweislich nie von sich gegeben
hat. Hätte er es doch getan, wäre es allenfalls mit einer gehörigen Portion Zynismus in die Gegenwart zu
übertragen. Wenn die Welt untergehe, so wird der ost-
elbische Junker zitiert, dann wolle er in Mecklenburg
sein, denn dort passiere alles hundert Jahre später.
Nun ja, in der Wahrnehmung mancher Mecklenburger ist die Welt im vergangenen Jahrhundert tatsächlich zweimal untergegangen: 1945 mit dem Zusammenbruch des Dritten Reiches und 1989 mit dem Ende der
DDR. Als bildungspolitischer Exkurs sei angemerkt:
Das vermeintliche Bismarck-Zitat stammt von einem
sozialdemokratischen Landtagsabgeordneten, der 1919,
nach der Novemberrevolution, im Parlament gesagt
haben soll: »Auch in Mecklenburg endlich wird die Demokratie Herr sein, hier bei uns in einem Lande, von
dem man gesagt hat, dass alles 500 Jahre später kommen will.« Franz Starosson soll der Sozi geheißen haben, dessen Hinterlassenschaft der Schweriner Stadt-
archivar entdeckt hatte. Ob nun 100 Jahre bei Bismarck
oder 500 bei Starosson: Tatsache ist, dass die Dinge in

MeckPomm ein wenig langsamer laufen als in anderen Regionen Deutschlands. Seit 1998, seit über zwei Jahrzehnten, regiert hier die SPD – doppelt so lange wie das Tausendjährige Reich der Nazis und bald fast so lange, wie die Berliner Mauer stand. Natürlich hat das eine mit dem andern nichts zu tun. Die SPD stellt per se keine Gefahr für die Demokratie und den Rechtsstaat dar. Sie steht nicht für das Tradieren irgendeines autoritären Übels. Die Sozialdemokraten sind in Mecklenburg-Vorpommern aus demokratischen Wahlen als stärkste Kraft hervorgegangen, die Menschen haben sie mit dem Auftrag zum Regieren ausgestattet.

Doch im dünn besiedelten Nordosten ist die SPD gleichsam eine Partei ohne Unterleib. Bei Kommunalwahlen haben es alle demokratischen Parteien schwer, auch diese SPD, ausreichend Kandidaten zu finden. Landtags- und Bundestagsmandate hingegen sind lukrativ, da herrscht Gedränge auf den Bewerberlisten. Mitgliederschwach und ohne gewachsene Strukturen geht es einer elitären Führungsriege vor allem um die Macht. Der frühere SPD-Fraktionschef Volker Schlotmann, gelernter Binnenschiffer aus Duisburg, hat diese Strategie im Schweriner Landtag sinngemäß einmal so formuliert: Es sei ihm völlig egal, mit wem die SPD regiere, Hauptsache, sie regiere. Die Staatskanzlei an der Schlossstraße werde stets eine Bastion der Sozialdemokraten bleiben, komme, was da wolle.

Wahrscheinlich ist es den Sozialdemokraten nicht bewusst, dass sie damit dem Land (und auch sich selbst) schweren politischen Schaden zufügen, wenn es ihnen egal ist, mit wem sie ins Koalitionsbett steigen. Hochglanz kommt vor Transparenz, äußerer

Schein vor Aufklärung, Machterhalt vor Haltung. Dabei war es Willy Brandt, der seiner Partei einst mahnend ins Stammbuch schrieb: »Es hat keinen Sinn, eine Mehrheit für die Sozialdemokraten zu erringen, wenn der Preis dafür ist, kein Sozialdemokrat mehr zu sein.«

In Mecklenburg-Vorpommern werden Steuergelder für teure Werbekampagnen mit Ostseestrandkörben verschwendet, statt die Zivilgesellschaft vor extremistischen Angriffen zu schützen. Zahlreiche demokratiestiftende Einrichtungen und Büros müssen in Dörfern und Kleinstädten schließen, weil ihnen die SPD-geführte Landesregierung seit Jahren die notwendigen finanziellen Mittel streicht. Stattdessen darf sich der ehemalige AfD-Landessprecher und frühere NPD-Mann Dennis Augustin über zweihunderttausend Euro aus EU-Fördertöpfen freuen, die ihm für den Bau einer Brennerei und die Sanierung der Villa Gustava in Ludwigslust zufließen – über das Landwirtschaftsressort von Minister Till Backhaus (SPD). Unter der Käseglocke einer geschichtsvergessenen SPD verkommen Landesverwaltung und Polizei zu einem Freilichtmuseum der ehemaligen DDR. Laut *Financial Times* beschäftigte 2009 die öffentliche Verwaltung von Mecklenburg-Vorpommern mehr als zweitausend ehemalige Bedienstete aus dem Geheimdienstapparat der DDR, dem Ministerium für Staatsicherheit. Das sind fast so viele Menschen, wie die SPD im Nordosten zu jener Zeit Mitglieder hat. Manuela Schwesigs Amtsvorgänger Erwin Sellering, ein gebürtiger Westfale, lehnte es ab, die DDR einen Unrechtsstaat zu nennen. Eine mitgliederschwache Partei, die seit Dekaden den Regierungschef stellt, kann es sich aus machtpolitischem Kalkül schlicht nicht leisten, einen großen Teil des Beamtenapparates zu verprellen.

Unter diesen Verhältnissen mutet es reichlich töricht an, wenn die mitgliederarme Regierungspartei auch noch die aufrechtesten und anständigsten ihrer Genossen mobbt. So viele gibt es nämlich nicht mehr in ihren Reihen, bei denen Gerechtigkeitssinn und Gesinnung zusammengehen. Der Verlust an Glaubwürdigkeit, den alle Parteien, aber insbesondere die SPD, in den letzten Jahren unter dem Wahlvolk erfahren haben, wurzelt zu großen Teilen in solchen internen Auseinandersetzungen, in Grabenkämpfen und Profilierungsneurosen. Dirk Friedriszik, Landtagsabgeordneter der SPD, geriet immer mehr ins Schussfeld der eigenen Leute. Er deckte rigoros rechtsextremistische und demokratiefeindliche Strukturen und Netzwerke in Polizei, Bundeswehr und Inlandsgeheimdienst von Mecklenburg-Vorpommern auf, nannte Ross und Reiter beim Namen und nahm keine Rücksicht: weder auf sich noch auf Funktionäre.

Sie alle fürchteten seinen moralischen Rigorismus. Dieser war von der gleichen Art wie der der Bürgerbewegten in der Endphase der DDR und in der Übergangszeit. Wir wissen, wie diese endeten – die einen lehnten sich alsbald opportunistisch an die breiten Schultern der etablierten Parteien, manche fanden es sogar in deren Hinterteil sehr kommod, die anderen wurden vergessen, vom Politikbetrieb ausgespien, oder sie gingen freiwillig.

Dirk Friedriszik, so zeichnet sich ab, hat für sich die letzte Option gewählt, er kandidierte nicht mehr für den Landtag.

Er störte, nervte, war allen ein Dorn im Auge, die sich wohlig eingerichtet hatten in der parlamentarischen Republik MeckPomm und die darum wünschen, dass alles so schön bleibt, wie es ist, ruhig und unaufgeregt. An der Berliner Mauer, deren Teil als East Side Gallery zur Mahnung stehenblieb, steht ein Spruch Erich Frieds: »Wer will, dass die Welt so bleibt wie sie ist, der will nicht, dass sie bleibt!« Dirk Friedriszik hat die Welt von Mecklenburg-Vorpommern vor Augen, und er sieht, was alles im Argen liegt und bekämpft deshalb jeden Beharrungswillen in seiner Heimat, zumal wenn dieser reaktionär und antidemokratisch ist. Er stellte unbequeme Fragen in der Parlamentarischen Kontrollkommission des Landtages, dem er seit 2016 angehört. Er schaute nicht nur dem Verfassungsschutz, der Polizei und dem CDU-geführten Innenministerium auf die Finger, sondern er klopfte auch auf diese. Immer wieder mahnte er Transparenz an. SPD-Genossen kritisierten, er gefährde mit seiner Aufklärungswut den Koalitionsfrieden. Mit jeder Veröffentlichung über rechte Terrornetzwerke, die einen Bezug zu Mecklenburg-Vorpommern aufwies, wuchsen Argwohn und Misstrauen besonders im CDU-geführten Innenministerium. Stets wurde Friedriszik als Quelle vermutet, als Datenleck, als Whistleblower, als Netzbeschmutzer. Und sie irrten nicht.

Der langgediente Berufssoldat nahm seinen geleisteten Eid unverändert ernst. »Ich schwöre, der Bundesrepublik Deutschland treu zu dienen und das Recht und die Freiheit des deutschen Volkes tapfer zu verteidigen. So wahr mit Gott helfe.« Im Landtag sprach er sich offen gegen die Geheimniskrämerei der Landesregierung aus und hielt dabei nicht nur der CDU, sondern auch der SPD oft den Spiegel vor.

Über Parteigrenzen hinweg herrschte innerhalb der Koalition Einigkeit: Dieser Mann muss weg.

Zu seinen Gegnern in der rechten Szene gesellten sich auch die politischen Widersacher im Parlament. Wer nun im März 2020 auf sein Haus in Ludwigslust geschossen hatte, blieb ein Geheimnis, die Schweriner Staatsanwaltschaft konnte es nicht aufklären. Wer die dunklen Autos steuerte, die nachts an seinem Haus patrouillierten, ebenfalls nicht. Das alles gehörte zur Drohkulisse, zum klassischen Repertoire der Einschüchterung.

Allerdings gehört zur Wahrheit auch, dass Dirk Friedriszik selbst keine weiße Weste hatte und darum angreifbar war. Auf ihn traf zu, was manchem Wendehals nachgerufen wurde: Die schärfsten Kritiker der Elche waren früher selbe welche! Das SPD-Mitglied Dirk Friedriszik war von März bis November 2013 in der AfD. Seine Mitgliedsnummer lautete 9641. Er habe sich lediglich über das AfD-Programm informieren und erschnüffeln wollen, welche Leute aus seiner Nachbarschaft bei der AfD mitmischten, sagte er entschuldigend. Und als er das wusste, was er erfahren wollte, habe er sich vom Acker gemacht und sei in die SPD eingetreten.

Dieser Hinweis auf Friedrisziks Verirrung wurde kurz nach dessen Einzug in den Schweriner Landtag an den NDR anonym durchgesteckt. Vermutlich von Genossen aus der SPD. Das Krisenmanagement war Friedrisziks Sache nicht: Er bestritt drei Tage lang, jemals für die AfD aktiv gewesen zu sein. »Ich bin von der AfD so weit entfernt wie die Erde vom Mond«, erklärte er in der *Schweriner Volkszeitung*. Am 22. März 2017 teilte er der Redaktion jedoch telefonisch mit:»Ich möchte mich bei Ihnen entschuldigen. Ich habe Angst gehabt vor den Auswirkungen. Meine Überzeugung ist und bleibt sozialdemokratisch. Ich habe den Fehler gemacht, dass ich nicht sofort reinen Tisch gemacht habe.«

Ein SPD-Fraktionssprecher erklärte:»Für uns ist die Sache erledigt.«

Was Wunder: In der AfD-Fraktion saßen ehemalige Mitglieder der CDU, der SPD, der FDP und vom Neuen Forum. Warum nicht auch mal umgekehrt? Wie gesagt: So viele Mitglieder hat die Partei nicht, die von sich sagen:»Meine Überzeugung ist und bleibt sozialdemokratisch.«

Allerdings war »die Sache« damit doch nicht erledigt. Im September 2017 erfuhr die SPD-Chefin und Ministerpräsidentin aus einem vertraulichen Schreiben eines Ludwigluster SPD-Politikers von einer Intrige, die noch vor der öffentlichen Desavouierung Friedrisziks gesponnen worden war. Er habe sich, schreibt der Genosse, damals mit Finanzminister Mathias Brotkorb in einem Warnemünder Hotel getroffen, und dieser habe Überlegungen vorgetragen, die offenkundig auch Landwirtschaftsminister Till Backhaus bekannt waren. Der Plan zielte darauf, Friedriszik auszuschalten und ihn durch den Grabower Bürgermeister Stefan Sternberg zu ersetzen. Er, so der Briefeschreiber, sollte Brodkorb »vertrauliche Informationen über Dirk liefern, damit sie sie gegen ihn verwenden und ihn loswerden können« Er habe sich geweigert, dies zu tun und entschuldigte sich bei seiner Chefin dafür, an einem derartigen Gespräch überhaupt teilgenommen zu haben.

Schwesig sprach Friedriszik wenig später am Rande eines gemeinsamen Besuches der Edith-Stein-Schule in Ludwigslust auf diesen Brief an und ließ sich erklären, wer dieser Briefeschreiber sei. Friedriszik gehörte seit 2014 nämlich auch noch der Stadtvertretung in Ludwigslust an und holte dort 2016 das Direktmandat für den Landtag.

Ob und wie sie danach innerhalb der Landesregierung reagierte, ist nicht bekannt.

In einigen regionalen Tageszeitungen wurde Friedriszik nach der AfD-Geschichte als »Lügner« bezeichnet. Eigene Recherchen über »Nordkreuz« oder andere rechte Netzwerke in Mecklenburg-Vorpommern, über den NSU, die Festplatten-Affäre oder Uniter, über den Verfassungsschutz fanden sich dort so gut wie nie. Während namhafte Journalisten von auswärts, auch aus dem Ausland, bei Friedriszik zu solchen Themen oft nachfragten, herrschte im biederen Blätterwelt der Landeshauptstadt Schweigen. Die Standardausrede von Innenminister Lorenz Caffier (CDU), ihm seien wegen der Ermittlungen der Bundesanwaltschaft die Hände gebunden und er könne nichts sagen, machten sich viele Journalisten im Nordosten zu eigen. Sie stellten ihre investigative Arbeit zu diesen Themenkomplexen fast vollständig ein, fragten nicht nach, erhoben nicht ihre Stimme, schrieben allenfalls übereifrig regierungstreue Kommentare. Mit dieser einseitigen, unkritischen und unreflektierten Berichterstattung machten sich Medienvertreter zu willfährigen Helfern von Sicherheitsbehörden, die es weder mit der Gewaltenteilung noch mit der Wahrheit noch mit der Abgrenzung zum rechten Rand noch mit der Weitergabe brisanter Informationen allzu genau nahmen.

So soll ein leitender Mitarbeiter des Schweriner Verfassungsschutzes gegenüber Zeugen mehrmals gesagt haben, er überwache doch nicht die, die er selbst wähle – er meinte die AfD. Diese Aussage bestätigten mehrere Quellen aus dem Schweriner Innenministerium unabhängig voneinander.

Einen Hauptgrund für den Sturm auf das US-Capitol in Washington im Januar 2021 sahen amerikanische Analysten in der in den USA vielerorts nicht mehr oder kaum noch ausgeübten Kontrollfunktion durch regionale Tageszeitungen. Ein Mangel an politischer Aufklärung befördere Extremismus und lasse die Grenzen zwischen Fake News und seriöser Berichterstattung verschwimmen. Diese Analyse lässt sich durchaus auch auf Mecklenburg-Vorpommern übertragen. In Schwerin ist es manchem Journalisten wichtiger, auf dem Theaterball neben dem Innenminister zu sitzen, als dessen Arbeit und die seiner Führungsriege kritisch zu beleuchten. Man beißt doch nicht in die Hand, die einen streichelt.

Und so hatten Friedrisziks Gegner leichtes Spiel. Im September 2020, wenige Woche bevor die Verfassungsschutzmitarbeiter A. B. und T. S. vor dem Untersuchungsausschuss des Bundestages und dem des Schweriner Landtages ihre Aussagen zum Fall Anis Amri sowie zu Waffenkäufen des Landesamtes für Verfassungsschutz machten, bekam Manuela Schwesig erneut Post. Diesmal war der Absender Innenminister Lorenz Caffier persönlich. Der Vizeministerpräsident beschuldigte Friedriszik des Geheimnisverrates – und forderte ihn damit indirekt zum Verzicht auf sein Landtagsmandat auf. Von dem Brief erlangte wenig später auch SPD-Fraktionschef Thomas Krüger Kenntnis. Dieser bat Friedriszik zum Gespräch. Ohne detailliert auf die gegen Friedriszik erhobenen Vorwürfe einzugehen, legte er diesem nahe, seinen Platz im Parlamentarischen Kontrollgremium zu räumen – was Friedriszik ablehnte. Er werde die Arbeit im Geheimdienstgremium des Landtages nur ruhen lassen.

Doch die Partei setzte den Verzicht durch, Nachfolger wurde der SPD-Landtagsabgeordnete Ralf Mucha, ein Vertrauter Caffiers. Er begleitete ihn wiederholt auf Auslandsreisen, war mit dem Innenminister unter anderem in Afghanistan und im Irak, obwohl eigentlich Friedriszik in seiner Fraktion die Belange der Bundeswehr vertrat.

Ähnlich wie Friedriszik erging es auch A. B. und T. S., den Quellenführern aus dem Landesamt für Verfassungsschutz in Schwerin, den mutmaßlichen Kronzeugen, die die Machenschaften in den Schweriner Sicherheitsbehörden aufdecken wollten. Beide wurden vom operativen Geschäft abgezogen. Tief gekränkt wandte sich T. S. in einem Brief an die SPD-Landtagsabgeordnete Martina Tegtmeier und bot ihr am 21. Dezember 2020 an, vor dem Innenausschuss des Landtages auszusagen, um die Beschuldigungen aus dem Innenministerium auszuräumen und sich zu rehabilitieren – ohne Erfolg.

Stattdessen war am 22. Januar 2021 in der *Schweriner Volkszeitung* zu lesen, dass angeblich geheime Dokumente im Fall Anis Amri verschwunden seien und es eine Durchsuchung in den Diensträumen einer Staatsanwältin gegeben habe. Das Blatt berief sich auf »Regierungskreise«, die nicht näher bezeichnet wurden. Unter Verdacht stehe ein ehemaliger V-Mann-Führer, durch den der Skandal um den Verfassungsschutz des Landes ins Rollen gekommen sei und der inzwischen auch den Untersuchungsausschuss des Bundestages beschäftige.

Gemeint war T.S., die Staatsanwältin zufällig seine Frau.

Die Antwort des Innenministeriums auf eine Anfrage der Zeitung zum angeblichen oder tatsächlichen Verschwinden von Geheimdokumenten aus dem Innenministerium, »die im Zusammenhang mit dem Amri-Anschlag auf dem Breitscheidplatz stehen«, sei »so vielsagend wie aufschlussreich«, las man. Das Ministerium berief sich bei seinen vagen Andeutungen einmal mehr auf die laufenden Ermittlungen der Bundesanwaltschaft. Laut *Schweriner Volkszeitung* seien auch Privat- und Diensträume des »Ex-Spitzenagenten« durchsucht worden.

Recherchen zu dieser Meldung ergaben: Fast nichts von alledem stimmte mit der Wirklichkeit überein. Vielleicht mochten Unterlagen verschwunden sein. Durchsuchungen bei T.S. und dessen Frau hatte es jedoch nie gegeben. Und auch Ermittlungen der Bundesanwaltschaft gegen T.S. gab es zu jenem Zeitpunkt nicht. Warum dann aber dieser reißerische Artikel ohne konkrete Quellenangabe? Warum diese wolkigen Formulierungen aus dem Innenministerium? Wer hatte die Geschichte an die Zeitung in der Landeshauptstadt lanciert? Und warum?

12. Kapitel

VERDACHT

Nach dem öffentlichen Schock, den das Auffliegen der rechten Terrorzelle Nationalsozialistischer Untergrund (NSU) ausgelöst hatte, gab Angela Merkel das Versprechen ab: »Wir tun alles, um die Morde aufzuklären und die Helfershelfer und Hintermänner aufzudecken und alle Täter einer gerechten Strafe zuzuführen.« Das erklärte die Kanzlerin auf der Gedenkfeier mit den Hinterbliebenen im Konzerthaus am Berliner Gendarmenmarkt am 23. Februar 2012.

Wurde dieses Versprechen eingelöst? Konnte der Rechtsextremismus eingedämmt, gar überwunden werden? Und: Wie sah es mit der Prävention aus, wurden die Abwehrkräfte der demokratischen Zivilgesellschaft gestärkt, die Dämme gegen Neofaschismus, Rassismus und Antisemitismus erhöht?

Dreizehn Untersuchungsausschüsse in Bund und Ländern hatten sich mit den NSU-Morden und deren Wirkungen beschäftigt, die Ergebnisse waren dürftig. Weder die zwei Ausschüsse im Bundestag noch die jeweils zwei in Thüringen, Sachsen und Baden-Württemberg oder die in Bayern, Hessen, Nordrhein-Westfalen und Mecklenburg-Vorpommern brachten Klarheit.

Hessen nahm geheime Akten anfänglich sogar für 130 Jahre unter Verschluss.

2013 trugen die Mitglieder des ersten Untersuchungsausschusses des Bundestages auf 1357 Seiten die Fehler in den Ermittlungen zusammen. Sie kritisierten fragwürdige Methoden der Staatsorgane, einen pietätlosen Umgang mit den Angehörigen der Opfer, konstatierten Versagen und Ignoranz auf Seiten des Verfassungsschutzes sowie Fehler und Versäumnisse in der Politik.

Auch der Abschlussbericht des zweiten Untersuchungsausschusses bescheinigte den Behörden 2017 auf mehr als tausend Seiten nichts anderes. Die Kritik richtete sich vor allem gegen die Tatsache, sich zu sehr auf das Trio Uwe Böhnhardt, Uwe Mundlos und Beate Zschäpe konzentriert zu haben. Den rechten Unterstützernetzwerken sei nur wenig Aufmerksamkeit geschenkt worden. Fast alle parlamentarischen Ausschüsse monierten, bei ihrer Arbeit behindert worden zu sein – durch Zurückhalten von Unterlagen, durch Aussageverweigerung, durch auffällig große Gedächtnislücken bei Zeugen, insbesondere bei Staatsbediensteten.

Frustrierend auch der Blick auf die Folgen. Nach Ansicht von Grünen-Innenexpertin Irene Mihalic, die dem zweiten Bundestagsausschuss angehört hatte, wurden keine grundsätzlichen Konsequenzen aus dem NSU-Desaster gezogen, sondern nur Kosmetik betrieben. Insbesondere der Verfassungsschutz, der sich »mit Händen, Füßen und Aktenschreddern« gegen die Aufklärung des Falles gewehrt hatte, bleibe von Reformen nahezu unbehelligt, erklärte sie im Juli 2018, nach dem Urteil im NSU-Verfahren, in der *Ost-see-Zeitung*: »Ich mache mir große Sorgen, dass aufgrund der fortbestehenden Mängel bei der Analyse des Rechtsextremismus das System von Nazi-Zellen fortexistiert.«

Hans-Georg Maaßen, den der NSU-Skandal im August 2012 an die Spitze des Bundesamtes für Verfassungsschutz gebracht hatte, raunte zeitgleich in einem Interview mit dem Berliner *Tagesspiegel*: »Was die Morde des NSU angeht, liegt noch vieles im Dunkeln.« War und ist es nicht vordringlichste Aufgabe der von ihm geführten Behörde, Licht in eben jenes Dunkel zu bringen? Stattdessen schlug er sich jedoch vor die Brust: »Die Sicherheitsbehörden haben seit Aufdecken des NSU erfolgreich rechtsterroristische Strukturen frühzeitig aufklären können.«

Wirklich?

Als 2015 beim Bundesamt für Verfassungsschutz der Quellenführer von V-Mann Thomas Richter alias Corelli seinen Posten wechselte und im Panzerschrank des Geheimdienstmannes brisante Unterlagen, NSU-CDs, Handys sowie eine SIM-Karte von Corelli gefunden wurden, bestritt Maaßen jeden Bezug zum NSU. Ein Dementi, das nachweislich nicht haltbar war.

Corelli ist ein Musterbeispiel dafür, wie weit der Verfassungsschutz geht, um die Wahrheit und damit seine tatsächlichen Erkenntnisse zu verschleiern. Der Mann diente dem Inlandsgeheimdienst fast zwanzig Jahre lang als angebliche Top-Quelle. Wie zahlreiche andere V-Leute in der deutschen Neonazi-Szene bewegte er sich unter anderem in der Nähe des NSU-Trios. Doch er und alle anderen Spitzel des Verfassungsschutzes, trotz der vielen Mittel – Steuergeld! –, die dort angeblich für die Aufklärung flossen und fließen, wurde vermutlich kein Mord, kein Raubüberfall, kein Sprengstoffanschlag verhindert. Und: Die durchaus gewonnenen Erkenntnisse wurden nie zu einem Gesamtbild zusammengefügt. Es bleibt ein Himalaya an Akten, Vorgängen, Dokumenten, CDs, Mitschnitten, Fotos und Memos ohne jede Analyse, ohne den klaren, kühlen Verstand, der daraus die nötigen Schlüsse zieht. Elf Jahre lang, vom ersten NSU-Mord bis zum Aufdecken der rechtsextremistischen Terrorzelle, jagten deutsche Sicherheitsbehörden nach mutmaßlichen Döner-Mördern mit türkischen oder arabischen Wurzeln, obwohl die Spuren längst ins rechtsterroristische und nicht etwa ins orientalisch geprägte Milieu organisierter Kriminalität wiesen.

Warum?

Auch in Mecklenburg-Vorpommern woben die Sicherheitsbehörden ein feines Vlies aus Informanten und Zuträgern. Ein Informant war der Berufssoldat und SPD-Landtagsabgeordnete Dirk Friedriszik, der sich wiederholt mit Mitarbeitern des Verfassungsschutzes traf und sie über Erkenntnisse über rechtsextreme Banden und Terrornetzwerke in seiner unmittelbaren Nachbarschaft, in der Bundeswehr und im Reservistenverband, unterrichtete. Einmal traf er sich sogar mit Reinhard Müller, dem Chef des Landesamtes für Verfassungsschutz, in einem Schweriner Café. Müller sammelte Informationen und ließ anschließend ein paar Vorgänge in Aktenordnern ablegen. Selten schaltete er das Geheimdienstgremium des Landtages ein, also die politische Schaltstelle, das nicht nur demokratisch legitimierte, sondern auch mit der Verteidigung der Demokratie gegen rechte Auswüchse aufgerufene Gremium.

Doch es ging nicht nur um die Verhinderung von terroristischen Anschlägen, die Abwehr rechter Angriffe auf die Institutionen des Staates und seiner Vertreter, nicht nur um die Durchsetzung der Gesetze und den Einsatz aller staatlichen Instrumente, wo das Recht gebrochen wurde. Vor allem ging und geht es um die Sensibilisierung der Gesellschaft, um Aufklärung und Erziehung. Überall, auch in Mecklenburg-Vorpommern, zogen die Rechtsextremisten aufs Land, kauften dort Häuser, traten in Vereine ein und engagierten sich ehrenamtlich. Sie nannten es »nationalistische Siedlungsstrategie«. Das bürgerliche, bewusst unideologische Auftreten gehörte und gehört zur rechtsextremen Unterwanderungsstrategie. Es war kein Zufall, wenn etwa die AfD-Führung sich als bürgerliche, konservative Opposition darstellte, während Anhänger der in Teilen vom Verfassungsschutz beobachteten Partei Bilder der von den Nazis ermordeten Anne Frank auf Pizza-Schachteln montierten, »Ofenfrisch« darunter schrieben und dieses Bild in den Sozialen Netzwerken verbreitete.

Die Sorglosigkeit – wenn denn nicht noch mehr dahinter steckt –, mit der die »Festplatten-Affäre« behandelt wurde, scheint exemplarisch. Jahrelang leugneten Schweriner Innenministerium und Verfassungsschutz den Besitz der bewussten Datenspeicher, obwohl Übergabeprotokolle das Gegenteil belegten.

Warum ging man gegen einen Mann nicht vor, der im Verdacht stand, Handlanger des NSU gewesen zu sein? Der vielleicht 2004 logistische Hilfe für den Mord an Mehmet Turgut in Rostock leistete? Warum legte niemand einem Mann das Handwerk, dessen Festplatten vor indizierter Rechtsrockmusik nur so strotzten? Warum durfte dieser Mann viele Jahre im Reservistenverband der Bundeswehr bleiben, obwohl er Fotos von Adolf Hitler und SS-Schergen sammelte wie andere Leute Briefmarken oder Überraschungseier? Der eine Festplatte besaß, deren Inhalt annähernd identisch ist mit dem einer NSU/NSDAP-CD, die in Krakow am See gefunden wurde, wie Verfassungschef Reinhard Müller bei einer Vernehmung vor dem NSU-Untersuchungsausschuss in Schwerin unfreiwillig bestätigte? Der in zeitlicher und räumlicher Nähe zum NSU-Mord in Rostock illegal Schießübungen mit einer MP5 abhielt, jener Maschinenpistole, die das Logo des NSU zierte? Der Übungen organisierte, an denen mutmaßlich auch NSU-Unterstützer Tino Brandt mitwirkte? Warum wurde das teilnahmslos hingenommen?

Die einfachste Antwort: Ignoranz und Unfähigkeit. In den Sicherheitsbehörden von Mecklenburg-Vorpommern kann man augenscheinlich eins und eins nicht zusammenzählen. Wir wissen nicht, wie viel hochexplosives Material sich in den Depots von Verfassungsschutz und Innenministerium an der Schweriner Arsenalstraße über viele Jahre angesammelt hat. Als diese Fragen öffentlich gestellt und Finger gereckt wurden, verschwanden Akten, wurden Mitwisser versetzt, unbequeme Fragesteller gemobbt.

Mancher V-Mann segnete das Zeitliche, bevor er redete ...

Allein das ist ein Skandal allererster Güte: dass brisante Unterlagen nie die zuständigen Strafverfolgungsbehörden erreichten; dass einige von denen, die für Schlamperei und Nichtstun verantwortlich waren, noch immer an den Strippen der Macht ziehen, während andere, die aufklären und warnen wollen, um ihre Existenz fürchten, nur weil sie unbeirrt an die Grundprinzipien von Demokratie, Gewaltenteilung und Rechtsstaat glauben; dass genau die bedroht werden und im wahrsten Wortsinn zur Zielscheibe von Willkür und Extremismus werden, die den Schutz der Sicherheitsbehörden dringender denn je nötig und verdient hätten.

Niemand wünscht sich einen Inlandsgeheimdienst, der so arbeitet. Niemand braucht auch einen solchen Geheimdienst.

Doch es könnte sogar noch ärgerlicher kommen. Nämlich wenn sich herausstellte, dass hinter vermeintlichem Dilettantismus und bürokratischer Ignoranz Kalkül steckte. Das alles mit Absicht geschah, dass eine Strategie verfolgt wird.

Für mich bilden Rechtsextremismus und Islamismus in Mecklenburg-Vorpommern zwei Seiten einer Medaille. Der Anschlag der Terrororganisation Islamischer Staat auf die Zwillingstürme des World Trade Centers in New York am 9. September 2001 fiel in die Hochzeit des NSU. In einer Ära knapper öffentlicher Ressourcen und mangelnden Personals wurden Ermittler und Quellenführer aus der rechten Szene abgezogen, um sich verstärkt dem Phänomenbereich des militanten Islamismus zu widmen. In einer Zeit, in der sich der Nationalsozialistische Untergrund anschickte, in Mecklenburg-Vorpommern Menschen mit Migrationshintergrund zu töten, leuchtete der Inlandsgeheimdienst beinahe obsessiv in eine völlig andere Richtung.

Der Verfassungsschutzbericht des Landes warnte 2009 vor »islamistischen Netzwerken«. Trotz seiner geographischen Randlage sei Mecklenburg-Vorpommern »kein weißer Fleck auf der Landkarte des globalen Jihad«, hieß es in dem von Innenminister Lorenz Caffier vorgelegten Papier. Und weiter: Islamistische Strukturen hätten sich im Nordosten Deutschlands »bereits seit den 1990er Jahren entwickelt«.

Der Bereich Neonazismus setzt sich nach Ansicht des Inlandsgeheimdienstes dagegen nur aus »örtlichen Kleingruppen« zusammen, wie in dem Bericht nachzulesen ist. Das rechtsextremistische Spektrum sei mit etwa 1400 Personen »nicht weiter gewachsen«, stand dort.

Die Fixierung auf den islamistischen Terror ließ Staatsschutz und Ermittlungsbehörden lange an die Legende vom »Döner-Mord« in Rostock-Toitenwinkel glauben. Die Gewalt wurde unter Moslems verortet, nicht unter ehemaligen Soldaten der Bundeswehr oder Angehörigen von Eliteeinheiten der Polizei. Während den Hinterbliebenen der NSU-Opfer Aufmerksamkeit und Unterstützung verweigert wurden, was mitunter bis zur Schikane ging, konnten sich rechtsterroristische Netzwerke nahezu ungestört entwickeln. Steckte dahinter vielleicht die Absicht: Wer islamistische Netzwerke vermutet, wird nicht nach neonazistischen suchen, schon gar nicht in den eigenen Reihen?

In diesem Klima schlossen sich immer mehr ehemalige und aktive Uniformträger rechtsextremistischen Gruppierungen an, weil sie sich ermutigt fühlten und überzeugt waren, »richtig« zu handeln, ja sogar Gutes zu tun, indem die Fremden abgewehrt und die Weicheier aus ihren Funktionen vertrieben wurden. Mecklenburg-Vorpommern wurde so zu einem der rechtsradikalen Hotspots Deutschlands. In einem Land, in dem der Verfassungsschutz den Islamismus zur großen Gefahr aufpustete, fühlten sich rechte Kader ermutigt, Waffen und Munition zu sammeln, um einer »Muselrevolte« zuvorzukommen. In diesem kruden Weltbild gehörten auch die Verteidiger einer offenen Gesellschaft, die sich für die Aufnahme von Flüchtlingen aus Syrien, Afghanistan oder Pakistan stark machten, zu jenen Gegnern, die liquidiert werden müssten.

In Mecklenburg-Vorpommern bildete sich ein harter rechter Kern, bestehend aus mehr als fünfzig Menschen, die zu allem bereit waren. Der Reservistenverband der Bundeswehr, Spezialeinheiten in Polizei und Armee erwiesen sich dem Anschein nach als Sammelbecken. Aus diesen Kreisen entstand »Nordkreuz«. Die Truppe sammelte tausende Namen politischer Gegner auf sogenannten Todeslisten, legte Waffenlager an, hielt engen Kontakt zu ideologisch Gleichgesinnten in Sachsen-Anhalt, Brandenburg, Niedersachsen, Schleswig-Holstein, Hamburg, Berlin, Nordrhein-Westfalen, Hessen, Thüringen, Baden-Württemberg, in Österreich und in der Schweiz, organisierte Schießübungen, besuchte Waffenmessen, kommunizierte über *Telegram*-Chats.

Als am 4. November 2011 die Existenz des NSU und dessen systematisches Morden öffentlich wurden, brach das Weltbild der Sicherheitsbehörden zusammen.

Damit wurde sichtbar: Erstens waren ihre mit Hilfe von V-Leuten gewonnenen und teuer bezahlten Erkenntnisse für die Katz, weil offenkundig unzureichend verarbeitet oder falsch. Daraus folgt zweitens die Frage, wie mit dieser Tatsache umgegangen werden sollte – zugeben, was in jedem Falle Gesichtsverlust und Imageschaden bedeutete, oder die Sache so gut wie möglich vertuschen und verschleiern, mauern und aussitzen. Nicht unerwartet entschied man sich, wie bei Geheimdiensten keineswegs unüblich, für die zweite Option.

Bekannt war, dass sich am 1. Juni 2012 am Rande der Innenministerkonferenz im mecklenburgischen Ferienresort Fleesensee Verfassungsschutzpräsident Maaßen und Innenminister Lorenz Caffier zu einem vertraulichen Gespräch zusammenfanden. Was sie beredeten, blieb ihr Geheimnis. Der Gedanke scheint nicht ganz abwegig, es könnte das weitere Vorgehen im Fall des NSU abgestimmt worden sein – etwa dass die Federführung und Deutungshoheit fortan beim Bundesamt für Verfassungsschutz liegen sollte.

In den folgenden Jahren kamen immer mehr Bürgerkriegsflüchtlinge über die Balkanroute aus Syrien nach Europa. Nach einem Besuch in einem hoffnungslos überfüllten Flüchtlingslager im Januar 2015 im Libanon zeigte sich Caffier massiv beunruhigt. Wenn sich diejenigen, die dort in Eis, Schnee und Matsch ohne ausreichend Nahrung und Kleidung in dünnen Zelten ausharrten, auch noch auf den Weg in Richtung Westen machten, werde man ein gewaltiges Problem bekommen, sagte der CDU-Politiker. Von den Neuankömmlingen forderte Caffier, sich zu integrieren und die Grundwerte Deutschlands anzuerkennen. »Das Entstehen von Parallelgesellschaften – wie in Deutschland leider punktuell zu beobachten, dürfen wir nicht hinnehmen«, erklärte er am 6. Februar 2015, nach seiner Rückkehr, in der *Schweriner Volkszeitung*. Und er war auch dafür, schneller abzuschieben, wer sich strafbar machte oder Anhänger von Terrorgruppen sei. Caffier plädierte zudem für einen »Ausreisegewahrsam« von bis zu vier Tagen und für die Erweiterung von Aufenthalts- und Einreiseverboten. Sein Appell, den syrischen Flüchtlingen Hilfe angedeihen zu lassen, erfüllte allenfalls die Funktion eines Feigenblattes.

Nicht zufällig bildeten Innenminister Caffier, BfV-Präsident Hans-Georg Maaßen und Bundespolizeipräsident Dieter Romann – im gleichen Jahr wie Maaßen ins Amt gekommen – ein Dreigestirn. Ihnen wurde nachgesagt, die Flüchtlingspolitik der Bundeskanzlerin energisch abzulehnen.

Aber es war nicht nur ihre harte Linie im Umgang mit den Flüchtlingen allein, die sie für den Rechtsstaat in ihren Ämtern unzumutbar machten.

Hans-Georg Maaßen hatte im November 2012 unter propagandistischem Getöse in Köln mit dem damaligen Bundesinnenminister Hans-Peter Friedrich ein *Gemeinsames Extremismus- und Terrorismusabwehr-*

zentrum (GETZ) eröffnet. Es hatte bereits ein »Gemeinsames Abwehrzentrum Rechtsextremismus« bestanden, das nunmehr um die Bereiche Linksextremismus, Ausländerextremismus und Spionage erweitert wurde. Es sei, so begründete Bundesinnenminister Friedrich die von vielen Ländervertretern als »Schnellschuss« und »PR-Gag« bezeichnete Konstituierung der GETZ, die Reaktion auf das weitreichende Versagen und die mangelnde Kooperation verschiedener Behörden bei der Aufklärung des NSU. Abgesehen davon, ob die Zusammenarbeit mit dem Trennungsgebot von Polizei und Nachrichtendiensten vereinbar und die parlamentarische Kontrolle ausreichend sei, stellt sich nach fast zehn Jahren und den bekannten Ereignissen in dieser Zeit die Frage nach der Sinnfälligkeit und Wirksamkeit dieser Institution. Aber nicht deshalb wurde der BfV-Präsident in den einstweiligen Ruhestand verabschiedet. Maaßens Maß lief über, als bekannt wurde, dass er mindestens drei Mal mit dem AfD-Fraktionschef Alexander Gauland konferiert und sich auch mit dem AfD-Politiker Stephan Brandner getroffen hatte, der als Vertrauter Björn Höckes und als Vertreter des völkisch-nationalistischen Flügel der rechtsextremen Partei gilt. Da konnte Maaßen noch so oft erklären, dass er »selbstverständlich« keine politische Sympathie für die AfD hege. Öffentlich war er nicht mehr haltbar. Doch in Thüringen, wo der Faschist Höcke die AfD-Landtagsfraktion führt, tauchte das CDU-Mitglied Maaßen im Frühjahr 2021 wieder auf: Vier CDU-Kreisverbände nominierten ihn, sehr zum erklärten Verdruss der Unionsführung, als Bundestagskandidaten.

Bei einer Rede vor der konservativen Werteunion im Juni 2019 in Weinheim hatte er erklärt, er sei nicht vor dreißig Jahren in die CDU eingetreten, »dass dann irgendwann 1,8 Millionen Araber ins Land kommen«. So sicherte er sich die Zustimmung der rechten Mitte.

Lorenz Caffier musste im November 2020 seinen Hut als Minister für Inneres und Europa nicht wegen Erfolglosigkeit im Amte nehmen, weil er im Kampf gegen Rechts und den braunen Filz versagt hatte oder weil ihm sonst noch gewisse Unregelmäßigkeiten nachgesagt worden waren – so soll es bei der Errichtung eines Ferienhauses auf Usedom nicht ganz sauber zugegangen sein. Nein, ihm fiel der Kauf einer Pistole bei einem Waffenhändler auf die Füße, der der verbotenen rechtsextremen Gruppe »Nordkreuz« angehört hatte. Er stellte sich unwissend, den Hintergrund nicht gekannt zu haben. Selbst wenn dies zuträfe – was zu bestreiten ist, denn das Netzwerk »Nordkreuz« hatten die Ermittlungsbehörden seit Sommer 2017 auf dem Schirm –, dann hätte der Minister wegen nachweislicher Unfähigkeit nach vierzehn Jahren demissionieren müssen.

Dieter Romann ist noch Präsident des Bundespolizeipräsidiums. Vermutlich weil er Punkte sammelte im Kampf gegen die Clan-Kriminalität. So vermochte er es, in einer spektakulären Nacht- und Nebelaktion den Chef eines etwa zweieinhalbtausend Mitglieder zählenden Clans in Bremen, der sein Geld mit Drogen- und Waffenhandel sowie Schutzgelderpressung machte, außer Landes zu bringen. Bis März 2019 hatte dieser Ibrahim Miri eine sechsjährige Haftstrafe wegen Drogenhandels verbüßt. Anfang Juli wurde er von der GSG 9, einer Spezialeinheit der Bundespolizei, in seiner Wohnung im Bremer Bahnhofsviertel in aller Frühe festgenommen, mit dem Hubschrauber nach Schönefeld geflogen und um »6.20 Uhr mit Learjet auf den Luftweg nach Beirut« gebracht, wie Romann den Bundesinnenminister Horst Seehofer stolz wissen ließ.

Aber die einzelnen Personalien sind nicht das Problem, allenfalls die Stimmung im Lande, an deren Zustandekommen sie in dieser oder jener Weise mitwirkten. 2020 wurde öffentlich, dass der Verfassungsschutz beim Mordanschlag in Solingen 1993 keineswegs zu stümperhaft agiert hatte, wie immer vermutet, sondern dass er an zentraler Stelle in neonazistische Strukturen eingebettet war – so unterstellte das Internetmagazin *Telepolis* am 29. Mai 2021. Vermutlich gilt das auch anderenorts. Wie eben auch jene Vorgänge, die der Landtagsabgeordnete Dirk Friedriszik in Mecklenburg-Vorpommern aufdeckte, keine singulären und regionalen Ereignisse waren. In Hessen sah sich im Juni 2021 der Innenminister genötigt (auch aufgrund öffentlichen Drucks), ein polizeiliches Spezialeinsatzkommando (SEK) aufzulösen. Anlass waren – angeblich zufällig bekanntgewordene – Nazi-Chats 2016/17, die etwa zwanzig Polizeibeamte geführt hatten. Hinzu kamen noch verschwundene Munition und Waffen und Adressen, deren Besitzer dann mit »NSU.2« gezeichnete Drohschreiben erhalten hatten.

Ungefähr zur gleichen Zeit wurde bekannt, dass der sächsische Verfassungsschutz kritische Äußerungen von Landtagsabgeordneten zum Umgang mit dem Rechtsextremismus zum Anlass genommen hatten, Daten über diese Parlamentarier zu sammeln. So etwa zum stellvertretenden Ministerpräsidenten und SPD-Chef Martin Dulig. Der hatte in einer Studie des Göttinger Instituts für Demokratieforschung zu Rechtsextremismus und Fremdenfeindlichkeit in Ostdeutschland erklärt, dass die CDU das Problem 25 Jahre verharmlost hätte. Begonnen habe diese Praxis unter dem sächsischen Verfassungsschutzpräsidenten Gordian Meyer-Plath, der am 1. Juli 2020 nach sieben Jahren ohne Angaben von Gründen abgesetzt wurde. Er hatte in den neunziger Jahren beim Verfassungsschutz in Brandenburg als V-Mann-Führer einen wegen versuchten Mordes verurteilten Neonazi als »Quelle« betreut. Und 2014 geriet er ins Mediengewitter, als seine Mitgliedschaft in der Burschenschaft Marchia Bonn bekannt wurde ...

Der Ex-Verfassungsschutzpräsident Maaßen war kurz vor Weihnachten 2019 Gast bei Markus Lanz. Er äußerte Bedenken zur Zukunft des Landes und fürchtete Übergriffe. »Bürger aus der Mitte haben sich radikalisiert.« Darauf Lanz: »So wie Sie.« Damit hatte er nur die gefährliche Entwicklung in Deutschland und die wachsende Gefährdung der Demokratie beschrieben, nicht aber deren tatsächliche Ursachen benannt und wie gegengesteuert werden könne.

Das vermag auch ich nicht zu sagen, und das war auch nicht Absicht dieses Buches. Allenfalls zu zeigen, wie ein anständiger Staatsbürger namens Dirk Friedriszik zu einer Art Michael Kohlhaas wurde. Nicht weil er, wie die historische Figur, einen individuellen Krieg gegen kollektive Mächte führte, sondern weil eben jene Kräfte sich von den Grundsätzen und Prinzipien entfernten, die er einmal mit ihnen zu teilen meinte. Das ist Friedrisziks Konflikt. Und es ist nicht nur seiner. Denn was er kritisiert, ablehnt und bekämpft, gibt es nicht nur in Mecklenburg-Vorpommern.

In der Frage steckt bereits die Antwort

Matthias Krauß
In eins gespalten
Sind wir wirklich
ein Volk?

192 Seiten, brosch.
15,00 €
ISBN 978-3-360-01375-0

E-Book 11,99 €
ISBN 978-3-360-50180-6

Die Feierlichkeiten zum Jahrestag der deutschen Einheit ließen, trotz einiger Zwischentöne, keinen Zweifel: »Wir Deutschen sind ein Volk!« Doch 30 Jahre, nachdem über Nacht aus der sozialen Losung »Wir sind das Volk« die nationale »Wir sind ein Volk« geworden war, scheinen wir kaum einen Schritt weiter zu sein. Matthias Krauß stellt die notwendigen Fragen. Sind Ost- und Westdeutsche wirklich ein Volk? Werden wir so regiert, dass ein Einheitsgefühl entstehen kann? Kann man von Gleichheit vor dem Gesetz sprechen?
Diese Fragen haben Anspruch auf eine sachliche Betrachtung. Der Autor zeigt, wie schwierig es ist, von der Einheit der Deutschen zu reden, wenn die Gesellschaft insgesamt auf Ungleichheit beruht.

Der Marsch der Rechten geht weiter.
Bis alles in Scherben fällt?

Eva Kienholz
Ihr Kampf
Wie Höcke & Co. die
AfD radikalisieren

160 Seiten, brosch.
16,00 €
ISBN 978-3-360-01367-5

E-Book 13,00 €
ISBN 978-3-360-50172-1

Völkisch, nationalistisch, unberechenbar: Der »Flügel« um Björn Höcke und Andreas Kalbitz, die Sammlungsbewegung der äußersten Rechten in der AfD, ist nach wie vor ein wichtiger Machtfaktor und Radikalisierungsmotor. Doch obwohl die Extremisten das Bild der AfD in der Öffentlichkeit dominieren, bleiben sie eine Blackbox. Die Journalistin Eva Kienholz hat undercover Veranstaltungen des Flügels und der Neuen Rechten besucht. Ihre Analysen belegen: Höcke & Co. unterwandern die AfD – und könnten schon bald die gesamte Partei übernehmen. Wer in naher Zukunft der gefährlichste Mann Deutschlands werden könnte, warum der Aufstieg einst tot geglaubte Rechtsextreme wieder ins Zentrum des politischen Geschehens rückt und wie es so weit kommen konnte – all das verrät dieses Buch.

Das Neue Berlin –
eine Marke der Eulenspiegel Verlagsgruppe Buchverlage

ISBN 978-3-360-02800-6

1. Auflage 2021

Umschlaggestaltung: Buchgut, Berlin
Druck und Bindung: buchdruckerei.de, Berlin

www.eulenspiegel.com